臺灣歷史與文化 研究輯刊

十七編

第 4 冊

新店溪流域移墾聚落信仰圈文化研究（下）

黃啟宗 著

花木蘭文化事業有限公司

國家圖書館出版品預行編目資料

新店溪流域移墾聚落信仰圈文化研究（上）／黃啟宗 著 -- 初版
-- 新北市：花木蘭文化事業有限公司，2020〔民 109〕
目 4+154 面；19×26 公分
（臺灣歷史與文化研究輯刊十七編：第 4 冊）
ISBN 978-986-518-068-3（精裝）
1. 臺灣史 2. 民間信仰 3. 新店溪
733.08   109000545

臺灣歷史與文化研究輯刊
十七編 第 四 冊   ISBN：978-986-518-068-3

新店溪流域移墾聚落信仰圈文化研究（下）

作　　者　黃啟宗
總 編 輯　杜潔祥
副總編輯　楊嘉樂
編　　輯　許郁翎、張雅淋　美術編輯　陳逸婷
出　　版　花木蘭文化事業有限公司
發 行 人　高小娟
聯絡地址　235 新北市中和區中安街七二號十三樓
　　　　　電話：02-2923-1455／傳真：02-2923-1452
網　　址　http://www.huamulan.tw 信箱 hml 810518@gmail.com
印　　刷　普羅文化出版廣告事業
初　　版　2020 年 3 月
全書字數　206061 字
定　　價　十七編 11 冊（精裝）台幣 22,000 元

新店溪流域移墾聚落信仰圈文化研究（下）

黃啟宗　著

目次

表目錄

第五章　新店溪流域慶典活動與信仰文化

　　「寺廟」是臺灣地景非常重要的一部分，也是臺灣民間信仰的象徵，更是寺廟所在地居民的信仰中心，展現出特有的在地情感，以及先聖先賢的思想與傳承。寺廟是移墾聚落居民社會生活的核心，也是傳統社會的發展基礎。北臺灣新店溪流域寺廟數量眾多，信仰種類與型態相當多元，呈現豐富的宗教信仰形式，以及反應在地的人文精神，幾乎常見的信仰活動、地方慶典活動以及與地方風俗民情事宜，都與地方主要寺廟相連結。新店溪流域不同的信仰圈慶典，具有不同的在地代表性，能促進移墾聚落住民，情感凝聚與團結合作，也強化移墾聚落間，互動聯繫與社會關係。對於移墾聚落信仰圈研究的意義與價值，具有正面的實質影響。

　　新店溪流域信仰圈的慶典過程，是從大陸原鄉傳衍到臺灣，百千年來信仰文化的演化與累積，蘊藏「宇宙天地哲學、天人自然觀念、社會習俗規範、宗法倫理制度、社會結構與家族祖成」等部分，深厚的文化意涵，以及濃厚的社會意義，藉由信仰圈細膩繁瑣的祭祀儀式與莊嚴隆重的慶典活動的過程，鉅細靡遺的展現出來。本論文設定「清水祖師」、「保儀雙忠」與「開漳聖王」新店溪流域移墾聚落三大信仰圈爲主要探討範圍，再輔以跨族群與跨地域的「福德正神信仰圈」，依與各主祀神祇的相連性，融入各章綜合析論。

　　新店溪流域信仰圈慶典與信仰圈的宗教系統有關，因爲本論文研究的移墾先民，從原鄉渡海來臺，深受原鄉信仰與習俗的影響，最終發展出儒、釋、道融合一體的在地臺灣民間信仰。臺灣民間信仰神祇祖廟的權威性與正統性，包含在「祖廟」與「分香子廟」的關係。從各聚落寺廟之間的分香、進香與遶境靖鄉等活動，即可得知廟際網絡與祭祀圈與信仰圈之間的關聯。屈

尺岐山巖、廣興長福巖、碧潭太平宮都是屬於「分香子廟」，萬隆、景美、木柵集應廟、木柵忠順廟、安坑三城日興宮是屬於大陸原鄉「分香子廟」，可是也屬於臺灣「祖廟」。從新店溪流域移墾聚落小區域信仰研究出發，探究跨時空的祭祀圈與信仰圈變遷樣貌，就可推知宗教系統與發展脈絡。

新店溪流域移墾聚落祭祀圈或信仰圈，若進行宗教分類歸納，應是隸屬於「臺灣民間信仰」系統。「臺灣民間信仰」是一種融合歷史、族群與宗教（包含儒、釋、道、齋教、一貫道……），獨立（獨特）的宗教信仰傳統，並不等同純粹的儒、釋、道等宗教信仰。新店溪流域移墾聚落的臺灣民間信仰，蘊涵族群遷移史、地方拓墾史、族群血緣、地方組織、政治關係、多元宗教信仰、聚落祭祀圈、跨地域信仰圈等在地元素，也影響各種慶典活動的形式與內容。

新店溪流域信仰圈內寺廟的神祇祭祀與慶典內容，都有特殊的文化意義與族群象徵，在移墾聚落的社會文化教育，以及鄉土文化特色的傳承上，都有相當重要的地位。本章就分以「慶典活動內容」、「慶典文化意涵」、「信仰文化特色」等三節，進行新店溪流域「聖誕千秋祭典」、「出巡繞境靖鄉」、「祈安植福禮斗法會」與「乞龜習俗」，四項信仰圈慶典與信仰活動的探究。

第一節　慶典活動內容

在本論文第四章第三節第一小節第四點「新店溪中游清水祖師信仰圈」中，研究者提到在數年的實地田野調查期間，發現淡水河流域有許多寺廟，都有清水祖師分靈（分香）的神像，原因與同屬泉州安溪的原鄉信仰有關，尤其是清水祖師與保儀雙忠信仰圈彼此相重疊，祭祀活動也常相結合。保儀雙忠信仰圈內的寺廟也有相類似的情形，除了集應廟、忠順廟與集順廟之外的廟宇，雖然不是主祀保儀雙忠，但是依然會有附祀或配祀保儀雙忠，例如景美會元洞清水祖師廟〔註1〕、景美萬慶巖清水祖師廟〔註2〕、木柵樟山寺〔註3〕、屈尺岐山巖、廣興長福巖等。〔註4〕

〔註1〕景美會元洞清水祖師廟，俗稱「興福祖師廟、萬隆祖師廟、會元祖師廟」，位於臺北市文山區興福里興隆路二段二二巷九弄四號。

〔註2〕萬慶巖清水祖師廟，又稱「景美萬慶巖」，俗稱「景美祖師廟」，位於臺北市文山區景美萬慶街一二四號。

〔註3〕樟山寺為主祀「千手觀音」的佛教廟宇，位於木柵「貓空」，臺北市文山區老泉里老泉路四九巷九號。

〔註4〕參考引用自「佛道教經典推廣」的「全臺奉祀清水祖師之宮廟整理表」，搜尋

　　「清水祖師信仰圈」涵蓋的範圍，擴及海峽兩岸三地，以及東南亞各地，可以說有泉州安溪人的地方，就有「清水祖師公」的香火。〔註5〕陳鵬文在《新店鎮與長福清水祖師略傳》中記述：「神明聖誕，清水祖師正月初六日，大尪公（張巡）四月廿五日，小尪公（許遠）十月十六日。」〔註6〕再輔以「福建省安溪清水岩風景旅遊區——安溪清水岩」資料〔註7〕，可得知清水祖師信仰圈最重要的祭祀活動，就是農曆正月初六的「清水祖師誕辰」，以及五月初六「清水祖師得道日」。此外，還有與清水祖師信仰圈重疊的保儀雙忠信仰圈，於農曆四月二十五日舉辦的保儀大夫「張巡（大尪公）」的聖誕活動〔註8〕，與農曆十月十六日舉辦的保儀尊王「許遠（小尪公）」的聖誕活動。〔註9〕不過，景美集應廟的保儀尊王聖誕日期，與陳鵬文在《新店鎮與長福清水祖師略傳》中的說法不同，茲將景美集應廟資料引用參考對照如下：

　　　　本廟大殿供奉主神保儀尊王；又稱尪公。在唐朝安史之亂時，張巡和許遠同守睢陽，殉國後玉帝封之為神，專司驅逐禾苗害蟲之責，在黃巢倡亂河南光州一帶時，高張林三姓遷往福建安溪，均經指引而保平安，後在安溪大平鄉建集應廟祭拜，一直到宋朝時，封許遠為保儀尊王，張巡為保儀大夫；但有兩人尊稱，互易之說，即稱保儀尊王是張巡，保尊大夫則為許遠。農曆二月初二是保儀尊王聖誕。〔註10〕

日期：二〇一七年一月十九日，網址：www.e-books.tw/TEMPLE-03。
〔註5〕　韋神徹：《臺灣清水祖師信仰——落鼻祖師的歷史與文化》（臺北：博揚文化事業有限公司，二〇〇九年十一月）。
〔註6〕　參考引用自「安溪清水岩」，搜尋日期：二〇一七年一月二十一日，網址：http://www.qsmount.com/index.php?m=index&a=index。
〔註7〕　同前註。
〔註8〕　關於保儀雙中的聖誕日，有不同的說法，例如每年農曆二月二日是保儀尊王聖誕千秋（景美集應廟），農曆四月十日是保儀大夫聖誕千秋（木柵忠順廟）。
〔註9〕　「迎尪公」也稱「迎翁公」。「尪」字義為一種突胸仰向，骨骼彎曲的疾病。「尪」字另一義為瘦弱（宋·蘇軾〈上神宗皇帝書〉：「世有尪羸而壽考，亦有盛壯而暴亡。」）；「翁」字義為對男性長者或對男性的尊稱。例如：「仁翁」、「老翁」、「漁翁」、「某翁」等。「翁姑」為夫之父母。「翁婿」為岳父與女婿。因此研究者認為，「迎翁公」相較「迎尪公」的用詞，更適合保儀雙忠信仰使用。
〔註10〕　參考引用自景美集應廟官網「景美集應廟全球資訊網」，搜尋日期：二〇一六年三月十一日，網址：http://jm-jiyingtemple.org.tw/religion.html。

在《北臺灣尪公》中也有不同的論述〔註11〕：

> 本廟（木柵忠順廟）的祭典在四月初十尪公生日，每八年有一
> 次大祭。木柵忠順廟的興建與陳姓族人有密切的關係⋯⋯木柵忠順
> 廟自己的祭典是在四月初十；四月初七繞境，範圍到現在的貓空山
> 區、政治大學、木柵路、辛亥路、木新路一帶，即過去內湖庄樟腳、
> 下崙尾等地。八、九拜斗。初十舉辦法會⋯⋯。〔註12〕

關於保儀雙忠的聖誕日期，因難以考證而衍生出各種不同的說法，至於保儀
大夫聖誕是農曆四月十日還是農曆四月二十五日？保儀尊王聖誕是農曆二月
二日？還是農曆十月十六日？研究者認為，宗教信仰首在「誠心誠意」、「心
誠則靈」，因此尊重各地方與廟方的祭典日期，即可避免不需要的紛擾。

一、聖誕千秋祭典

（一）屈尺、雙溪口與廣興清水祖師聖誕千秋祭典

　　新店溪流域的清水祖師信仰圈，是所有在地住民共同的信仰文化，也是
蘊藏豐厚的文化資產，對於移墾聚落住民的在地認同與向心力，促進地方繁
榮發展與經濟能量，都具有相當大的影響力。同屬新店溪中、上游移墾聚落
的龜山、雙溪口、屈尺與廣興地區，都是清水祖師的信仰圈。

　　清水祖師是泉州安溪人的地方保護神，所以泉州安溪族群落籍的地方，
幾乎都有清水祖師廟，每逢民俗節日與聖誕千秋慶典時，隆重祭祀迎神與酬
神廟會活動，都是當地的盛事。因此，每年農曆正月初六的清水祖師聖誕，
屈尺、雙溪口與廣興地區，皆有熱鬧的祭祀、出巡與慶典活動。

　　屈尺清水祖師廟岐山巖，創建自於一八五一年，位於新店溪流域中、上
游區域，從艋舺清水祖師廟清水巖分靈（分香），供奉鎮殿主神清水祖師爺，
每年農曆正月初六「清水祖師聖誕千秋」，岐山巖都會有盛大的祭典活動和
「做大戲」。祭典活動由屈尺清水祖師移墾聚落祭祀圈「城仔、頂店、下店、
山腳、雙溪口」等五區〔註13〕，輪流負責舉辦清水祖師聖誕祭祀事宜。

〔註11〕參考引用自「北臺灣尪公──木柵忠順廟」，搜尋日期：二〇一七年一月十九
　　　　日，網址：http://library.taiwanschoolnet.org/cyberfair2005/rfjh/html/a3b1.htm。
〔註12〕參考引用自「北臺灣尪公──木柵忠順廟」，搜尋日期：二〇一七年一月十九
　　　　日，網址：http://library.taiwanschoolnet.org/cyberfair2005/rfjh/html/a3b1.htm。
〔註13〕新店溪流域中、上游清水祖師信仰圈，包含屈尺清水祖師祭祀圈、雙溪口清
　　　　水祖師祭祀圈、廣興清水祖師祭祀圈與龜山清水祖師祭祀圈。這些區域在歷
　　　　史特質、常民文化、祭祀圈關係、信仰與文教等方面，關係十分密切。

　　岐山巖清水祖師聖誕最令人矚目的慶典內容，也是最主要的祭祀儀式，就是採用傳統「神豬祭祀」（「刣豬公」）的祭典方式。此外，聖誕千秋祭典的「三獻禮祭典」科儀，也是祭典活動中必有的儀典。每年屈尺聚落的迎神與殺豬公活動，皆受到聚落住民們與一般信眾的熱烈參與。

　　信眾到屈尺清水祖師廟岐山巖祭拜，依廟方規定點香五欉（5 支），依神格高低，依序祭拜：（1）天公（中門天公爐、玉皇大帝）、（2）清水祖師、（3）左配祀保儀雙忠、右配祀關聖帝君與福德正神（左、右配祀共用一爐）、（4）太歲殿值年太歲星君、（5）謝、范二將軍（七爺「謝必安」將軍、「范（犯）無救」將軍）「神將」。

　　農曆每月初一、十五，岐山巖禮聘道士舉行誦經禮懺、祈福、消災、解厄；農曆大年初一，卯時（上午五點至七點）開廟門，新春焚香祈福、安太歲〔註14〕、點光明燈；農曆大年初六，慶祝清水祖師聖誕，作「三獻法會」、「豬公獻祭」、祈求「平安龜」、祝壽大戲；農曆正月十五日，天官大帝聖誕「三獻」及開燈祈安法會。

　　農曆四月二十四日是屈尺地區熱鬧的日子，是繼正月初六的清水祖師聖誕之後，整個屈尺地區最盛大的宗教信仰活動，清水祖師、保儀大夫、保儀尊王出巡遶境全屈尺地區。遶境靖香活動當日，神將與陣頭開道，祈安驅蟲保平安，遶境活動結束後，再進行平安餐會；農曆七月十五日，地官大帝聖誕「三獻」及中元普渡法會，全聚落信眾共同於廟埕擺設祭品，舉行普渡法會祭拜；農曆九月七日至九月九日連續三日，舉行南、北斗星君下降〔註15〕，「元明道姥」聖誕祈安禮斗大法會（重陽禮斗、三日拜斗法會）〔註16〕；農曆十月十五日，水官大帝聖誕「三獻」及歲末酬神謝戲；農曆十二月二十四日，舉行圓燈謝座、送神。〔註17〕請參閱：「表三、屈尺清水祖師廟岐山巖年

〔註14〕當年生肖「犯太歲」者，包括「正沖」、「偏沖」，應安太歲，以祈求消災解厄，順利平安。

〔註15〕南斗星君與北斗星君都是掌握人間生死壽命與吉凶富貴的神祇，臺灣民間信仰有「南斗注生，北斗注死」與「未注生，先注死」的說法，說明凡間百姓的宿命都在因果輪迴中，一出生即已形成定數，只是隨著宿命時辰，而逐一顯現際遇。道家祈安禮斗科儀，以生辰八字安斗點燈，雖然可以暫時安定本命元辰，延續光明，扭轉宿命厄象，但仍需誠心懺悔行善，才能真正化解冤怨，轉化宿命。

〔註16〕「元明道姥」即是「斗姥元君」，傳說主宰凡人的元辰。禮斗中的「斗母元君」，即是所有斗的元君。

〔註17〕參考引用資料：《岐山巖農民曆》（2013、2014、2015、2016、2017）「岐山巖

度慶典行事表」。

表三、屈尺清水祖師廟歧山巖年度慶典行事表

序號	日期（農曆）	慶 典 內 容 簡 述
1	正月初一	卯時（上午五點至七點）開廟門，新春焚香祈福、安太歲、點光明燈。
2	正月初六	慶祝清水祖師聖誕，作三獻法會、豬公獻祭、乞龜（祈求平安龜）、祝壽大戲。
3	正月十五日	天官大帝聖誕，作三獻法會及開燈祈安法會。
4	四月二十四日	清水祖師、保儀大夫、保儀尊王出巡遶境祈福、平安餐會。
5	四月十五日	地官大帝聖誕，作三獻法會及中元普渡法會。
6	九月七至九日	舉行南、北斗星君下降，「元明道姥」聖誕祈安禮斗大法會（重陽禮斗、三日拜斗法會）。
7	十月十五日	水官大帝聖誕，作三獻法會及歲末酬神謝戲。
8	十二月二十四日	舉行圓燈謝座、送神。
9	每月初一、十五	禮聘道士舉行誦經禮懺、祈福、消災、解厄。

（本表由本論文研究者黃啓宗整理製作、資料來源：屈尺歧山巖）

　　廣興長福巖年度最重要的祭祀活動，也是農曆正月初六清水祖師千秋聖誕，同樣也是舉辦「神豬祭祀」（「刣豬公」）敬神祭典活動，由廣興當地「內山、山頂、頂股、中股、下股」等五股，輪流分攤慶典費用。廟右側立有「長福岩」碑，據當地民眾表示乃當年建廟的「捐獻碑」，但因年代久遠風化嚴重，以無法辨讀內容。新設立在寺廟入口廊道兩側，牆壁上石刻的多面「捐獻碑」，則清析易讀，一目了然，讓信眾瞭解建廟、維修、祭典與活動的捐款人尊名與金額明細。農曆四月二十五日則是清水祖師、保儀大夫、保儀尊王出巡遶境整個廣興地區。

　　屈尺、雙溪口、廣興是清水祖師信仰圈與保儀雙忠信仰圈重疊的區域，約於民國十二年，保儀尊王許遠祀奉於屈尺歧山巖，職司醫藥，布施雨露，驅除蟲害。因此，每年農曆四月二十四日與二十五日，是保儀雙忠「尪公」出巡繞境靖鄉〔註18〕，歧山巖與長福巖將此繞境活動與清水祖師聖誕千秋祭

　　　年度慶典行事表」。研究者另行整理製作「表三、屈尺清水祖師廟歧山巖年度慶典行事表」。

〔註18〕尪公有「大尪公」和「小尪公」之分，大尪公來自木柵忠順廟保儀大夫「張

祀結合，展現清水祖師信仰與保儀雙忠信仰合併的情形。請參閱：「表四、廣興清水祖師廟長福巖年度慶典行事表」。

表四、廣興清水祖師廟長福巖年度慶典行事表

序號	日期（農曆）	慶　典　內　容　簡　述
1	正月初一	開廟門，新春祈福、安太歲、點光明燈。
2	正月初六	慶祝清水祖師聖誕三獻法會、乞龜（祈求平安龜）。
3	正月十五日	慶賀元宵、天官大帝聖誕三獻法會。
4	四月二十五日	清水祖師、保儀大夫、保儀尊王出巡遶境。
5	七月十五日	地官大帝聖誕三獻法會、中元普渡法會。
6	九月九日	重陽祈安禮斗大法會。
7	十月十五日	水官大帝聖誕，作三獻法會及歲末酬神謝戲。
8	十二月二十四日	叩謝太歲星君、圓燈謝座。
9	每月初一、十五	誦經、祈福、消災、解厄。

（本表由本論文研究者黃啓宗整理製作、資料來源：廣興長福巖）

（二）保儀雙忠聖誕千秋祭典

在萬隆、景美、木柵、新店大坪林保儀雙忠信仰圈，在每年農曆二月一日保儀尊王聖誕千秋（木柵集應廟）〔註19〕，每年農曆二月二日保儀尊王聖誕千秋（景美集應廟），以及農曆四月十日保儀大夫聖誕千秋（木柵忠順廟），皆進行祭祀保儀雙忠的「三獻大禮」祝壽科儀，以及「豬公獻祭」。

景美集應廟祭祀主神爲保儀尊王，每年值年單位是由「高同記」祭祀公業四甲、「高萃記」祭祀公業四甲與北投集應廟來輪值，當值單位需負責準備該年度的祭典事宜，包括舉辦祝壽、節慶等各式法會，聘請道長上疏祭文，並設宴款待宗親族人、各界人士與地方友人。景美集應廟也有「豬公獻祭」祭典〔註20〕，豬公祭典日期通常在元宵節後，由「擲筊」方式請示保儀尊王決定。

巡」，小尪公來自景美集應廟「許遠」。

〔註19〕民國四十年間，木柵鄉長張乾生提議，認爲「刣豬公」過於耗費鋪張，甚至有人因「輸人無輸陣」，縮衣節食或借貸舉辦祭典，因而繳不出孩子學費，於是地方耆老仕紳商議，將「刣豬公」祭典改爲九年一次，於農曆二月一日進行祭典，並作「三獻禮」科儀。

〔註20〕「豬公獻祭」祭典即在景美集應廟廟埕舉辦「刣豬公」祭祀。

　　獻祭的大豬公陳列在廟埕，面向寺廟主祀神祇，豬公嘴巴較大者唧著鳳梨，嘴巴較小者咬著橘子或蘋果，獻祭的豬公背後留著部分豬鬃，於脖子上方插上屠宰用的屠刀與「祭籤」（恭賀神祇聖誕千秋），脖子掛上錢幣（或古銅錢）項鍊，下方一同掛著特意留著尾翅的雞和鴨，還有頭上貼著小紅紙的活魚及豬公的內臟。香案上擺放香爐、蠟燭、供品、祭酒與鮮花，中間擺放敬香，獻酒三杯，虔誠祭祀保儀尊王。依地方耆老訪談內容與史料記載可知，在過去傳統農業時期，每年的景美集應廟豬公祭典當天，一定是地方盛事，寺廟人山人海，萬頭鑽洞，將廟埕擠得水洩不通，如今這種場面已不復存在。

　　景美集應廟高家祭祀公業分為「高同記」與「高萃記」二個系統。高同記的「同記」表示「同心協力」；高萃記的「萃記」表示「萃集一心」。高同記與高萃記以景美盤古帝王廟「石門宮」為基點，南北延伸為分界線（今日景興路），高同記的區域是分界線以西，沿景美溪西流的下游區域；高萃記的區域是分界線以東，沿景美溪東溯的上游區域。

　　景美集應廟高家祭祀公業高同記分成「四甲」，分別是「溪仔口甲」、「大坪林甲」（含阿泉坑）、「臺北市區舊鐵路以南」、「臺北市區舊鐵路以北」；高萃記也分成「四甲」，分別是「內湖甲」（含待老坑）、「頭廷魁甲」、「十五分甲」、「深坑甲」（包括石碇、坪林）。後來高萃記廟產再一分為四，分別是「保儀尊王、高萃記、高集記、高材記」。祭祀公業有田地公產，每年生產稻米，以「石」為單位（一石一百二十斤），每一記可分得一百六十石，然後再均分給各所屬的各甲單位，每甲可分得四十石（四千八百斤）。

　　景美集應廟「值年」及「迎香」的甲分，就以高同記祭祀公業四甲、高萃記祭祀公業四甲與北投集應廟來輪值，輪值的年分如「表五、景美集應廟「值年」及「迎香」甲分輪值表」所示：

表五、景美集應廟「值年」及「迎香」甲分輪值表

年　度	值　　　年	迎　　香
100	鐵道南區（同記）	北投迎尪公
101	北投	同記迎尪公
102	頭廷魁（萃記）	
103	十五分（萃記）	
104	鐵道北區（同記）	

105	溪仔口（同記）	北投迎尪公
106	北投	萃記迎尪公
107	深坑（萃記）	
108	內湖（木柵）（萃記）	
109	大坪林（同記）	

（本表由本論文研究者黃啓宗整理製作、資料來源：景美集應廟）

　　景美集應廟「值年」及「迎香」甲分輪值的年分，例如：民國一○三年由高萃記的十五分甲值年，民國一○四年就由高同記臺北鐵道北區甲來值年，民國一○五年除正常值年外，北投集應廟會到景美集應廟，進行五年一次的「迎尪公老祖與尪娘」至北投的迎香儀式，然後尪公老祖與尪娘留在北投集應廟一年，民國一○六年就由北投負責值年，該年高萃記輪值至北投集應廟將尪公老祖及尪娘迎回景美集應廟，其他值年的甲分就依上表順序輪流。「迎尪公老祖與尪娘」的活動，將祭祀公業後代子孫與信眾們的心靈連結在一起，也讓雙忠信仰圈更加的穩固。

（三）新店安坑地區開漳聖王聖誕千秋祭典

　　廟史始自清朝嘉慶十一年（1806）的新店大坪頂太平宮，祀奉開漳聖王為主神，一年一度的開漳聖王聖誕千秋，是安坑大坪頂太平宮與三城日興宮，年度最大的祭祀活動之一。太平宮在每年農曆二月十四日至十六日，皆連續三天進行春祭法會〔註21〕，以及開漳聖王聖誕千秋祝壽活動（農曆二月十五日）。春祭法會內容包括：「開漳聖王聖誕誦經祈福法會」、「恭祝開漳聖王聖誕暨觀音佛祖佛誕及新丁龜祝壽大法會」、「聖王公會會筵」、「頒發各學校獎助學金」、「開漳聖王誼子換香火大法會」、「開漳聖王聖誕字姓大法會（二○一六年又輪值回首位的林姓宗親，二○一七年輪值第二順位的張、廖、簡三姓宗親，二○一八年輪值第三順位的王、游、沈三姓宗親……共八組字姓依序輪值）」等。三城日興宮也會在農曆二月十五日，舉辦「開漳聖王聖誕祝壽法會」，以及換領「保身符」與「保車符」。

　　太平宮開漳聖王聖誕千秋聖壽法會，由安坑外五庄的「八組字姓」，負責

〔註21〕農曆二月十四日至十六日春祭，九月一日至九日秋祭。相對於秋祭法會，春祭原應是在春分時舉行，時間大約是國曆三月二十、二十一或二十二日，但因開漳聖王聖誕於農曆二月十五日舉行，所以將春祭法會合併於農曆二月十四日至十六日，連續舉行三天。

組織祭祀，並按照「林、張廖簡、王游沈、陳虞姚胡田、吳、什姓〔註22〕、曾、賴」的順序，每年輪值辦理祭祀活動，同時以擲筊方式選出每年的新爐主，負責統籌辦理祭典事宜。例如：民國一○五年由「林」姓值年，民國一○六年就由「張廖簡」三姓來值年，民國一○七年再由「王游沈」三姓來值年，其他值年的姓氏，就依「八組字姓」順序輪流。開漳聖王聖誕千秋是安坑地區每年期待的大事，慶典法會期間會有酬神大戲、「殺豬公」〔註23〕、以及移墾聚落住民宴請賓客等活動。

　　太平宮除了春祭法會三天熱鬧的活動之外，其他年度的重要民俗節日，以及配祀神明的誕辰日，也都有其他盛大慶典及祭祀活動，例如：「正月初一吉時點燈（光明燈）、安太歲、祭解（祭改）法會、正月十五元宵慶賀上元祈求平安龜法會（俗稱「乞龜」）、猜燈謎、三月二十三日天上聖母聖誕安坑地區祈安植福消災繞境活動、七月十五日慶讚中元盂蘭盆普渡大法會、秋祭儀式〔註24〕、農曆九月初一日至九日的『九皇禮斗祈安植福消災延壽大法會』、九月十五日恭祝開漳聖王全體護法將軍聖誕祝壽法會、十一月五日開漳聖王成道紀念日法會」等，為所有的虔誠信眾與安坑住民，祈福納祥，消災解厄，安定心靈，永保安康。

　　宗教信仰圈如果涵蓋範圍夠廣，影響力夠大，參與的信眾越多，通常就會與政治人物或政治活動產生交集與互動。二○一七年三月十三日（農曆二月十六日）開漳聖王聖誕千秋，新北市長朱立倫親臨太平宮參與祝壽，新北市議員陳永福、陳儀君、劉哲彰，以及多位地方里長也並列出席。朱市長虔誠上香祈求開漳聖王，祈願新北市政府能在聖王公的庇佑下，順利推動各項市政建設，同時也感謝太平宮，長期參與地方公益事務，濟助貧困學童，對地

〔註22〕「什姓」就是除了「林、張、廖、簡、王、游、沈、陳、虞、姚、胡、田、吳、曾、賴」等姓之外的其他姓氏。例如研究者姓黃，即是屬於「什姓」。由此可推知，安坑地區人口較多的大姓氏，約略就是「林、張、廖、簡、王、游、沈、陳、吳、曾、賴」，其餘姓氏相對為少數。

〔註23〕即是以大全豬祭拜，這是最高規格與敬意的供奉——大副「五牲禮」。五牲禮包括居中在前的一隻大生豬「中牲」，大生豬口中含鳳梨或包紅紙的橘子，前面懸掛一隻雞、一隻鴨或鵝，稱為「邊牲」，再配掛一尾鯉魚及豬隻內臟，稱為「下牲」。此外，還附帶一對竹子懸掛紅布於中牲上方，代表「節節高升」、「加官進爵」之意，後方則有連葉帶根的甘蔗，取其「有頭有尾」、「甘甜美滿」的吉祥意思。

〔註24〕秋祭即是秋季法會，於農曆七月十五日同「慶讚中元盂蘭盆普度大法會」一起舉行。

方建設與社會服務，無私奉獻。〔註25〕請參閱：「表六、新店開漳聖王廟太平宮年度慶典行事表」與「表七、新店謝府元帥廟日興宮年度慶典行事表」。

表六、新店開漳聖王廟太平宮年度慶典行事表

序號	日期（農曆）	慶 典 內 容 簡 述
1	正月初一	吉時點燈（光明燈）。
2	正月日期另定	安太歲、祭解（祭改）法會。
3	正月初八	玉皇大天尊萬壽大法會。
4	正月十五	慶賀上元祈求平安龜法會（「乞龜」）。
5	二月初一	恭祝文昌梓潼帝君聖誕祝壽法會，祈求金榜題名。
6	二月十二、十三日	開漳聖王聖誕誦經祈福法會。
7	二月十四至十六日	恭祝開漳聖王聖誕暨觀音佛祖佛誕及新丁龜祝壽大法會、聖王公會會筵、頒發各學校獎助學金、開漳聖王誼子換香火大法會、開漳聖王聖誕字姓大法會（二〇一六年又輪值回第一順位的林姓宗親，二〇一七年張姓宗親……依序以「八組字姓」輪值）。
8	三月十五日	恭祝正財神玄壇元帥以及天上聖母聖誕祝壽法會。
9	三月二十三日	天上聖母聖誕安坑地區祈安植福消災繞境。
10	四月十四日	恭祝孚佑帝君呂純陽祖師聖誕祝壽法會。
11	六月六日	開天門法會（晚上八點法會開始）。
12	六月十五日	恭祝關聖帝君聖誕祝壽法會。
13	七月十五日	慶讚中元盂蘭盆普渡大法會、秋祭儀式。
14	七月十九日	值年太歲星君聖誕祝壽法會。
15	九月一至九日	九皇禮斗祈安植福消災延壽大法會。
16	九月十五日	恭祝開漳聖王全體護法將軍聖誕祝壽法會。
17	十一月五日	開漳聖王成道紀念日法會。
18	十二月十五日	完燈叩謝開漳聖王庇佑法會。

〔註25〕朱立倫市長表示，太平宮超過二百年歷史（二百一十二年），保佑新店地區居民一切平安順利，尤其近幾年新北市推動許多市政建設，祈望在開漳聖王的庇佑下順利推動。新北市政府民政局新聞稿指出，今年（2017）聖誕千秋慶祝活動，一連三日，已以法會圓滿舉行結束，期間吸引各地信眾前來祈福。參見蘇春瑛：〈太平宮為開漳聖王慶佛誕〉，《臺灣新生報電子報》（二〇一七年三月十四日），網址：https://tw.news.yahoo.com/%e5%b6%e6%85%b6%e4%bd%9b%e8%aa%95-160000146.html

| 19 | 十二月二十三日 | 叩謝太歲星君暨年終酬神恩法會。 |
| 20 | 初一、十五 | 每月初一、十五誦經消災、祈福。 |

（本表由本論文研究者黃啓宗整理製作、資料來源：三城日興宮）

表七、新店謝府元帥廟日興宮年度慶典行事表

序號	日期（農曆）	慶 典 內 容 簡 述
1	正月初一至三十日	開經安奉太歲、延壽、科日、事業、財利光明燈。
2	正月初三至三十日	平安祭解（祭解者請帶一件衣服）。
3	正月十五日	元宵節晚會祈求平安與餅龜。
4	二月十五日	開漳聖王聖誕祝壽法會（保身、保車符）。
5	三月二十二、二十三日	天上聖母聖誕祝壽法會（出巡遶境）。
6	四月二十四、二十五日	朝聖參香。
7	五月五日	謝府元帥聖誕祝壽法會、平安餐會、祈求平安米。
8	六月二十四日	關聖帝君聖誕祝壽法會。
9	七月十三至十五日	中元普渡法會、超渡祖先、盂蘭盆會。
10	九月九日	中壇元帥聖誕祝壽法會
11	十月十三至十五日	龍華祈安禮斗法會、求福壽、消災解厄。
12	十二月二十六日	謝太歲、延壽、科甲、事業、財利、光明燈、完經。
13	每月初一、十五日	誦經禮拜、消災解厄、祭解。

（本表由本論文研究者黃啓宗整理製作、資料來源：大坪頂太平宮）

二、出巡繞境靖鄉

（一）清水祖師與保儀雙忠信仰圈繞境靖鄉

1、屈尺、雙溪口與廣興地區清水祖師與保儀雙忠信仰結合

　　新店溪中、上游的屈尺岐山巖，約於民國十二年奉祀保儀尊王許遠，職司醫藥濟世與驅蟲袪疾。每年農曆四月二十四日屈尺與雙溪口地區，四月二十五日廣興地區，十月十五日屈尺與雙溪口地區，十月十六日廣興地區，都是清水祖師信仰的重要日子，當日結合保儀雙忠信仰「迎尪公」舉行出巡繞境靖鄉、驅蟲袪煞、庇佑農產豐收、護佑鄉土平安。

　　屈尺、雙溪口與廣興地區，「迎尪公」出巡繞境的靖鄉活動，自然成為一年一度例行性的地方盛事。屈尺、雙溪口地區的祭典繞境活動，由屈尺清水

祖師廟岐山巖為中心，繞行全庄所有移墾聚落，祛邪祈安。繞境隊伍由神將、陣頭開道，出岐山巖由「城仔」左轉沿「頂石厝路」，下大斜坡直至「水尾」，繼續前行為「頂石厝」濛濛谷地區。再由「城仔」右轉沿屈尺路，巡經「頂店、下店、山腳、康雅崙」等傳統小聚落區，其中也經過屈尺國小、郵局、保三總隊、會計人員公訓中心等地方機關。「迎尪公」繞境的陣頭隊伍，每年皆進入屈尺國小校門廣場，校長會率領全校師生，擺香案祭祀清水祖師與保儀雙忠，也為全校師生上一節，在地鄉土文化與地方歷史人文課。

　　「迎尪公」繞境隊伍離開屈尺社區後，沿新烏路二段經過燕湖社區、屈尺壩、廣興橋（過橋對岸即是新店廣興地區）、屈尺橋，進入雙溪口地區，繼續遶境靖鄉，隊伍至「下龜山橋」與「民壯亭」附近回頭，若過「下龜山橋」即是新店龜山地區。整個遶境靖鄉活動結束後，回岐山巖舉行平安餐會。

　　廣興地區的祭典繞境活動，由廣興清水祖師廟長福巖為中心，繞行所有廣興境內移墾聚落。繞境隊伍出長福巖直行，沿廣興路經市民農場、「行義宮」行至廣興橋頭、「四結寮」與「向天湖」〔註26〕。繞境隊伍回程經「城仔」（城上），左轉沿廣興路繼續直行，遶經「城下」、「大光寺」與「平廣地區」，以及「十二份、羅料坪、大寮、幼瀨庄、土地公坑、石頭厝、雙坑嘴」等傳統小聚落區。由平廣路轉往「小坑一路」，再經「印月禪寺、廣興土地公廟、小坑、後寮、笨角」等小聚落。「迎尪公」繞境的陣頭隊伍，行經廣興路屈尺國小廣興分校時，主任會帶領全校師生，在校門口觀禮與膜拜清水祖師與保儀雙忠。由於除了外來陣頭之外，參與遶境遊行隊伍的成員，多為在地住民與學生家長，因此孩童與遶境隊伍親切互動，也是廣興迎尪公的一大特色。

2、新店大坪林地區「迎尪公」與「放軍遶境」

　　新店溪中、下游東岸的大坪林地區，自福建泉州安溪族群進入拓墾後，即分為「七張、十二張、十四張、二十張、寶斗厝」等五個移墾聚落，名為「大坪林五庄」。大坪林五庄除了奉祀福德正神建立土地公廟之外，主要就是奉祀保儀大夫〔註27〕。過去大坪林五庄每年最重要宗教信仰活動，就是正月二十日的「求平安」，以及十月十五日的「謝平安」，並在祭典的前一日，

〔註26〕「向天湖」，位於「燕子湖」上方山區，由「成功路」一路通往「菜刀崙」山頂。續行成功路過了菜刀崙就是「四結寮」。

〔註27〕新店地區奉祀保儀雙忠（尪公），除景美集應廟具宗族性的高氏房派所奉祀的「高尪公」（保儀尊王許遠）之外，許多移墾聚落都是奉祀木柵忠順廟的「保儀大夫」（張巡）。

由當年度輪值的爐主到木柵忠順廟，迎請「保儀大夫」（「大夫公」）至庄內的土地公廟，供五庄信眾膜拜。之後依「十四張」、「十二張」、「二十張」、「七張」與「寶斗厝」的順序輪流，各庄頭各供奉保儀大夫一日，並舉行盛大陣頭繞境靖鄉。日本統治末期，大坪林五庄聯合祭典中斷，直至二戰爭結束後才再恢復，不過，正月二十日的「求平安」祭典，除十四張地區有延續傳統繼續舉辦之外，其餘四個庄頭的祭典，則合併在農曆三月二十三日的媽祖聖誕千秋一起舉行；至於十月十五日的「謝平安」祭典，則是自此五個庄頭各自舉辦。

農曆三月二十三日，新店大坪林五庄，共同舉辦傳統信仰的「放軍」遶境民俗活動。「放軍」遶境活動開始，大坪林五庄境內的福德正神等諸神，首先由「顯應祖師公」帶領眾神明神轎、陣頭與信眾，在「大坪林泰山巖顯應祖師廟」前進行「過火」儀式。過火儀式結束後，大坪林五庄與各里的宮廟陣頭，組成聯合遶境靖鄉隊伍，浩浩蕩蕩出巡遶行整個新店市區重要街道，不僅僅是遊行大坪林地區。遶境所經路線沿途的居民與店家，幾乎都會擺設香案祭祀，或是執香膜拜，祈求闔家安康、地方物產豐收、平安繁榮與生意興隆。

其他新店溪流域保儀雙忠信仰圈的活動，還包括：農曆正月十四日，臺北市大安區五股（錦町股、龍安坡股、六張犁股、坡心股、十二甲股）五年輪值（各股每五年輪一次），恭迎保儀雙忠遶境；農曆三月十二日，萬華加蚋區恭迎保儀大夫遶境；農曆三月十四日，萬華區進天宮保儀大夫遶境；農曆四月七日，木柵忠順廟恭迎保儀大夫出巡。農曆三月二十五日木柵忠順廟在木柵老泉山區貓空樟湖步道，恢復古民俗「尪公巡茶園」儀式〔註28〕；農曆十月十五日，景美集應廟保儀尊王遶境；農曆十月十五日，木柵集應廟恭迎保儀尊王出巡。此外，木柵集應廟九年一次進行「迎香」活動（農曆二月六日，舉行迎香活動，至淡水小坪頂迎回保儀尊王，此為木柵地區最盛大的傳統廟會），保儀尊王六年在木柵奉祀，之後進行「出香」祭典（農曆二月六日

〔註28〕 同前註。「尪公巡茶園」一部分人員自忠順廟健行到貓空纜車貓空站，一部分車隊繞境木柵老泉里與貓空山區。忠順廟保儀大夫「老祖」神尊搭乘貓空纜車前往「貓空站」安座，並舉辦祈福與藝文表演。忠順廟保儀大夫「二祖」與「三祖」神尊，帶領「迎尪公」車隊與健行隊伍，在貓空山區茶園遶境靖鄉。「尪公巡茶園」為開放性的信仰圈活動，也屬於文化活動，無需報名即可隨隊自由參加，可以體會過去茶農的辛勞，以及感受神祇散發「尊天愛民、友善大地」的情懷。

出香至淡水），保儀尊王三年在淡水小坪頂奉祀（農曆二月四日為「巡香」祭典，巡香是保儀尊王奉祀淡水前遶境靖鄉活動）。以上每個地區保儀雙忠的慶典與繞境時間都不相同，正好反映出保儀雙忠聖誕千秋多元版本的問題。請參閱：「附錄 2-5、新店溪流域保儀雙忠信仰圈慶典活動表」。

3、景美、木柵尪公祖廟與三峽地區「迎尪公」

每年鄰近新店安坑地區（接續安坑內五庄）的三峽橫溪地區，也有恭迎保儀雙忠遶境靖鄉活動。三峽地區的「迎尪公」祭典，分成幾個不同的地區與祭典時間：農曆八月十四日至十八日，是以三峽祖師廟長福巖為中心，範圍包含三峽的大部分地區。長福巖循例於每年農曆八月十四日，自景美集應廟、木柵集應廟與忠順廟迎請來四十六尊尪公（高尪公、大夫公）〔註29〕，再由三峽地區各里，分區迎回繞境靖鄉，以及供信眾設案祭拜，祭祀「尪公」的祭典，同時也祭祀「尪公夫人」。

農曆八月二十六日，尪公主要的出巡遶境地區是「橫坑、溪南、溪北、溪東」等里〔註30〕；農曆八月二十八日，尪公主要的出巡遶境地區是「介壽、中正、安溪、頂溪」等里〔註31〕。上述各地區不同的祭祀與祭典時間，除了地理區域的劃分因素之外，過去因為「政治因素」的介入，也有改變日期的現象。日本統治臺灣時期，「皇民化」等因素，影響臺灣的傳統宗教信仰頗深，國民政府時期，也有「民俗改良」與「統一祭典」等政策。三峽「溪南」與「溪東」等地「迎尪公」祭祀遶境活動是在農曆八月二十六日，過去就曾經為了三峽地區「統一祭典」的緣故，而改成農曆八月十五日。新店大坪林「求平安」祭典，以及安坑地區開漳聖王祭典，與媽祖聖誕千秋合併在農曆三月二十三日一起舉行「迎媽祖」繞境遊行，都是同樣的道理。現在三峽地區大部分的祭典日期，都是在農曆八月十五日，正說明了從日本統治時期以來，政治因素與政治力量對宗教信仰的影響。

與新店溪流域安坑地區與廣興地區，地理位置相連的三峽地區，中秋節時除了烤肉、賞月、吃月餅之外，更會進行自清朝流傳至今的「迎尪公」。轎

〔註29〕參閱「三峽清水祖師廟長福巖年度慶典行事表」，以及「文化部文化資產局」，《國家文化資產資料庫感禮系統》（二〇一六年八月十一日），網址：https://nchdb.boch.gov.tw/web/cultureassets/Folk/info_upt.aspx?p0=5543

〔註30〕現在「橫坑、溪南、溪北、溪東」等里，是以行政區劃上的「里」為單位來進行祭祀。

〔註31〕同上註，現在「介壽、中正、安溪、頂溪」等里，也是以行政區劃上的「里」為單位來進行祭祀。

班抬著自木柵、景美等地迎請來的保儀雙忠神尊，有旗隊、陣頭、南北管樂團與遶境花車相隨，也有設立戲棚，戲曲歌舞酬神，以最傳統的方式感謝保儀雙忠。整個遶境靖鄉隊伍行至三峽老街，以及境內各移墾聚落的街頭小巷內。家家戶戶門口備起香案、花燭、鞭炮、紙錢、供品，祭祀迎神，遶境靖鄉活動直至夜晚，超過上千人參與盛會。如今這項保儀雙忠信仰圈的宗教信仰與民俗活動，除了象徵著延續拓墾先民的剛毅精神，也為了一整年的農產豐收與闔家平安，向保儀雙忠致上最虔敬的感恩。

三峽清水祖師廟長福巖，年度慶典行事包含以下項目〔註32〕：

（1）農曆正月初五，子夜十一時，清水祖師聖誕祭典，「三獻禮」祭典科儀。

（2）農曆正月初六，清水祖師聖誕祭典，「神豬祭典」活動。

（3）農曆正月初九，安奉太歲祈福科儀。

（4）農曆正月十三日起，祈安植福禮斗法會。（正月十三日至十五日「起斗」）

（5）農曆二月初三，安奉文昌帝君祈福科儀。

（6）農曆五月初六，清水祖師成道、誼子女「換串」科儀。

（7）農曆七月十四、十五日，慶讚中元，放水燈遊行及普度祭典科儀。

（8）農曆八月十四至十八日，恭迎保儀大夫、保儀尊王科儀。

（9）農曆十月九日起，安植福禮斗法會。（十月九日至十五日「圓斗」）

（10）農曆十二月十二日，叩謝文昌帝君，太歲科儀。

（11）農曆十二月二十九日，除夕夜，燒「頭爐香」科儀。

表八、三峽清水祖師廟長福巖年度慶典行事表

序號	日期（農曆）	慶　典　內　容　簡　述
1	正月初五	子夜十一時，清水祖師聖誕祭典，「三獻禮」祭典科儀。
2	正月初六	清水祖師聖誕祭典，「神豬祭典」活動。
3	正月初九	安奉太歲祈福科儀。
4	正月十三日起	祈安植福禮斗法會。（正月十三日至十五日「起斗」）
5	二月初三	安奉文昌帝君祈福科儀。
6	五月初六	清水祖師成道、誼子女「換串」科儀。

〔註32〕參考資料來源：三峽清水祖師廟長福巖。

7	七月十四、十五日	慶讚中元，放水燈遊行及普度祭典科儀。
8	八月十四至十八日	恭迎保儀大夫、保儀尊王科儀。
9	十月九日起	安植福禮斗法會。（十月九日至十五日「圓斗」）
10	十二月十二日	叩謝文昌帝君，太歲科儀。
11	十二月二十九日	除夕夜，燒「頭爐香」科儀。

（本表由本論文研究者黃啓宗整理製作、參考資料來源：三峽長福巖）

4、景美尪公祖廟與深坑、石碇地區「迎尪公」

新店溪支流景美溪上游的深坑與石碇地區，這兩個區域都是景美高姓宗族在「文山堡」與「石碇堡」，拓墾開發的重要移墾聚落，因此，每年皆會參與景美集應廟的祭典活動。深坑與石碇都建有「集順廟」奉祀保儀尊王，寺廟都建在景美溪畔。深坑集順廟建於清朝道光十八年（1838），就位於熱鬧的深坑老街中，為早期坪林地區與石碇地區〔註33〕，茶葉生產經銷的集散地，廟前的戲臺，也是前國寶級民俗技師李天祿，早年演出「掌中戲」（布袋戲）的表演舞臺，由此可以想像深坑集順廟，往昔繁榮的盛況。深坑集順廟主祀保儀雙忠，配祀清水祖師、關聖帝君、媽祖、福德正神、太歲星君等，最主要的祭典，就是每年的農曆二月二日的保儀尊王聖誕千秋祭典。

石碇集順廟與深坑集順廟一樣，都是建立於清朝道光十八年（1838），以「頭家爐主制」的方式來進行祭祀與祭典事宜，祭典經費依預算按「丁口」逐戶徵收，不作男女區別。石碇集順廟主祀神祇為「保儀尊王」與「孚佑帝君」（呂洞賓，尊稱「仙公」與「呂仙公」）〔註34〕。深坑與石碇都是屬於景美集應廟高家祭祀公業，高萃記的深坑甲（深坑、石碇、坪林）。石碇集順廟年度最重要的祭典，與深坑集順廟一樣，都是農曆二月二日的保儀尊王聖誕千秋祭典，再者，就是農曆十月十五日的遶境靖鄉活動。

石碇地區奉祀保儀雙忠的寺廟有「石碇村集順廟」和「中民村集義宮」，迎尪公的出巡遶境區域，主要是在「烏塗、潭邊、石碇」三聚落，參與繞境的陣頭，有石碇集順廟的尪公、景美集應廟的「高尪公」以及木柵忠順廟的「大夫公」。與石碇地區有關的重要宗教信仰活動，還有五年一次的「迎關渡媽祖」繞境活動，「關渡媽祖」在此地即與「保儀雙忠」一樣，被賦予具有「驅

〔註33〕深坑、石碇與坪林地區，按庄頭輪祀保儀雙忠（尪公），保儀雙忠也被因此被居民定位為「村神」。

〔註34〕石碇集順廟二樓為「明德宮」，供奉當地礦業的守護神「孚佑帝君」（呂純陽祖師、呂仙公）。

蟲祛疾」的除蟲神力。

5、大漢溪流域樹林與柑園地區「迎尪公」

淡水河上游大漢溪流域的樹林與柑園地區,也同樣有熱鬧的保儀雙忠遶境活動。樹林地區保儀雙忠祭典頭家爐主共二十四位,共同負責祭典所有的費用,但也依照「丁口」收取「緣錢」(此類籌集祭典費用的方式,常見於新店溪流域各信仰圈,新店安坑地區開漳聖王信仰圈,每丁口緣錢新臺幣貳佰元)。農曆八月十五日會請以保儀雙忠為主的眾多神祇出巡遶境,農曆八月十六日演大戲酬神,原因為農曆八月十五日是「大日」,戲班與陣頭的費用,都會較平日為多〔註35〕。柑園地區祭祀尪公的日期是農曆九月一日。

柑園地區保儀雙忠祭祀圈與信仰圈的涵蓋範圍都相當大,柑園地區過去多為農業耕地,因此,迎尪公活動勢必與農作物生產、驅蟲祛疾有關。在劃分保儀雙忠祭祀圈時,都是以水圳灌溉與田地區域作為劃分的界線依據。特別值得一提的是,柑園地區祭祀保儀雙忠「迎尪公」的活動,在當地學校、社區、教師與家長們,共同的特意經營與努力之下,已發展成「尪公文化祭」,成為在地亮點的重要宗教活動與文化活動,不但凝聚社區情感與力量,也成為一種創造社區共同記憶的新模式。

(二)福德正神與保儀雙忠信仰圈遶境靖鄉

新店屈尺雙溪口對岸的龜山地區,有一個非常特別的「迎尪公」出巡活動,特別之處就在於這個遶境靖鄉祭典活動,是由一間「小小的龜山土地公廟」所主導。

龜山土地公廟興建年代並不久遠,興建於昭和七年,也就是一九三三年,它是龜山居民的信仰中心。日本統治時期昭和十三年(1939),桂山電廠興建時,帶動了龜山的蓬勃發展,來至四面八方的工人,有伐木、燒碳、推台車、拖木馬、燒樟腦油、架橋築路等,聚集龜山。他們離鄉背井,信仰成為唯一的寄託,所以龜山土地公廟香火鼎盛。

龜山土地公廟後方,有一塊最初建廟的石碑,紀錄的文字深具價值,見證了地方開發與變遷的歷史。這座建於日本統治時期昭和七年(1933)的龜山土地公廟,說明了龜山是新店地區最晚開發而形成聚落的地方。石碑上「文山郡新店庄」六個字,具體的顯現出新店的開發歷史沿革,而捐獻者排行首

〔註35〕有時邀請戲班與陣頭的價格,調漲將進一倍之多。

位的卻是「龜山發電所」的全體員工，由此可以得知，日本統治時期，龜山發電所在龜山所代表的重要地位。其它捐獻者有米商、士紳、勞工、善男信女等，捐獻款約二百二十八圓〔註36〕。

農曆年春節期間，遊子回鄉必定會到土地公廟來燒香祈求平安，到正月十五日，有「搬龜戲」的慶典。農曆四月十八日以及十月十五日有兩次大型的廟會活動，家家戶戶大擺流水席，設筵招待親朋好友，席開越多桌，表示農產豐收、工作順利，也表示人面越廣，以及生活越安康富裕。早期都會聘請歌仔戲團或布袋戲團來酬演，以感謝福德正神的辛勞庇佑，所以在福德宮的對面還有一座戲台，這種規格就是「大廟」的等級，因為一般的土地公廟都是屬於小型的寺廟，不會有較大的空間與經費設置戲臺。

新店龜山福德宮繞境靖鄉活動結合「迎尪公」，日期為農曆四月十八日，與鄰近的屈尺地區農曆四月二十四日及廣興地區農曆四月二十五日相錯開。當地耆老還會特別強調「四月十八日迎尪公最熱鬧」。每年此日，廟前戲臺上演著傳統歌仔戲曲，聚落居民聚於龜山福德宮，隆重祭祀儀式後，由龜山里長、爐主與副爐主領銜繞境，三頂神轎二大一小，分別安奉保儀大夫、保儀尊王與土地公，大轎需四人擡，小轎需二人，一組擡轎人員約共十人，在預備二至三組人，隨時可換手。隨行人員加上眾多陣頭，一路由鑼鼓隊引導，浩浩蕩蕩，驅邪祛煞。

保儀雙忠與福德正神繞境靖鄉車隊鑼鼓喧天，巡繞龜山十三鄰全境，為民眾保安祈福，從福德宮出發，沿途經過「舊茶寮」、「龜山國小」、「新烏路與桂山路口」、「大粗坑」、「下龜山橋」、「車仔寮」、「粟子園」、「寶島新城」，最後回到新北市龜山童訓中心廣場。藉由繞境靖鄉活動，祈求國泰民安與風調雨順，同時也將整個龜山聚落的情感串聯在一起。

繞境靖鄉當日，龜山當地居民家家戶戶都會準備三牲四果、餅乾等祭品，在家門口設案，虔誠迎接神祇隊伍。繞境靖鄉過程中會有一個「換香」儀式，就是居民們會將自己膜拜的「自家香」，與神祇隊伍中的「神明香」進行交換，再將交換所得的「神明香」，插奉在自家的香爐上，以祈求神祇護佑全家安康。出巡遶境熱鬧活動結束後，爐主與副爐主會在福德宮擲筊請示福德正神，決定明年度的爐主與副爐主。龜山里共十三鄰，每三至四鄰分一組，共分為四

〔註36〕依據日本統治時期昭和七年（1933）的幣值，「二百二十八圓」相當於現在「新臺幣三萬四千二百元」（以 1：1500 換算）。

組，四年輪一次。今年舉辦過，明年就換下一組，大家都有機會當爐主。

　　每年值年爐主都會請各鄰長協助收「丁錢」（丁口錢）〔註37〕，「一丁」收 20 元。有些居民會多報丁，認為多丁多發財，收到的丁錢由爐主處理，作為今年度演戲、辦桌與請法師等等的一切開銷，通常爐主都會再額外添錢，以示大器。

　　農曆十月十五日也是龜山福德宮重要祭祀日，但這一次就沒有繞境出巡靖鄉。龜山聚落的居民，都會準備豐盛的祭品，到龜山福德宮虔誠祭拜。

（三）天上聖母與開漳聖王信仰圈繞境靖鄉

　　太平宮最大的遶境靖鄉活動，不是在農曆二月十四日至十六日的開漳聖王聖誕千秋祝壽期間，而是與農曆三月二十三日的「天上聖母」——「媽祖聖誕千秋遶境靖鄉」聯合舉行，同屬開漳聖王祭祀圈與信仰圈的三城日興宮，也是在當日出巡遶境一天。新店碧潭西岸的所有寺廟遶境靖鄉活動，通常都涵蓋整個大安坑地區。

　　農曆三月二十三日「天上聖母聖誕安坑地區祈安植福消災繞境活動」由外五庄最東邊的大坪頂，一路沿著安康路走到最西邊的五城地區，再跨過去就是三峽境內，整個遶境靖鄉出巡路線，涵蓋整個安坑地區，經過的移墾聚落區包括：「大坪頂、大坪腳、溪州、頂城、下城、大墓公、公館崙、車子路、薏仁坑、大茅埔、頭城、雙城、三城、四城、五城」；另一條遶境靖鄉的路線，是從公館崙沿著安和路，直到外挖仔崁頂，與中和區南勢角相鄰，整個遶境靖鄉出巡路線，經過的移墾聚落區包括「公館崙、柴埕、吳厝底、十四分、石頭厝、內挖仔、外挖仔、崁頂」。

　　每年大坪頂太平宮，與安坑內、外五庄內的寺廟，聯合舉行祈福遶境活動，雖名為「天上聖母聖誕安坑地區祈安植福消災繞境活動」，但實是開漳聖王祭祀圈與信仰圈，「開漳聖王聖誕千秋祭典」的延伸與結合。太平宮主辦的遶境靖鄉祈福活動，每年都會有來自各地的宮廟共襄盛舉（贊助），一同參與遶境靖鄉遊行。遶境活動當日，實際安排參加遶境隊伍的車輛，包括許多現代大型藝閣花車，總數量達五十輛以上；參加遊行的總人數，包含事前準備人員、遶境工作人員、留守預備人員與隨行信眾等，約五百人以上。

　　遶境靖鄉活動從太平宮廟口大廣場開始，沿碧潭西岸、大坪腳，經新潭

〔註37〕 「丁」，「人丁」或「男丁」之意，此處意指「一丁」就是「一個人」的意思。

路至新潭土地公廟與「美之城」社區一帶。再經華潭路回到大坪腳、溪州、頂城。之後沿安康路一段前行，經下城、大墓公、安溪寮、公館崙後，右轉安和路，途經十四分、石頭厝、內挖仔、外挖仔、崁頂。遶境隊伍於新店與中和邊界折返，再經吳厝底與柴埕，於公館崙右轉，沿安康路二與三段繼續遶行安坑內五庄地區（在此之前都是屬於安坑外五庄的範圍）。遶境隊伍一路經過安坑國小側門、新北市青少年圖書館、安坑森林公園、菸酒公賣局、車子路、薏仁坑、大茅埔、頭城、玫瑰中國城、雙城、潤濟宮、三城、日興宮、四城、錦繡山莊、五城、明修宮，至三峽邊境為止。遶境當日約下午四時返駕，晚上於太平宮舉辦平安餐宴。

關於「安坑地區祈安植福消災遶境活動」的遶境隊伍與路線，每年都會由廟方籌備會，邀集地方頭人與里長，參與活動討論與調整，過去曾經以一組主要隊伍，遶境大安坑地區的主要道路，另外再由二組小隊伍，分別遶境其它的小街道。也有只組成一支大型的主要遶境隊伍，只經過主要道路遶境靖鄉。諸神祇遶境靖鄉，沿途各移墾聚落居民，若住家就在道路兩旁者，都會在自家門口設置香案，擺上「三牲四果」等祭品，虔誠祭祀通過的遶境神祇隊伍。若住家不是在道路兩旁，則手持清香佇立道路旁等待，一樣虔誠舉香膜拜。

遶境過程中有「換香」的儀式，沿途居民們會將自己手上的「自家香」，與遶境神祇隊伍中，「換香工作人員」手中的「神明香」進行交換。隨隊遶境工作人員，一路與信眾換香，代表將神祇的祝福與庇佑，轉傳至信眾身上。信眾們再將交換所得的「神明香」，插回自家的香爐上，完成整個換香儀式，祈求神祇庇佑闔家安康。

遶境過程中除了「換香」儀式，還有臺灣廟會神祇遶境時常見的「鹹光餅」〔註38〕。遶境隊伍中的「尪公神將」與「官將首」，脖子、腰間等身上部位，或是刀叉等兵器上，會掛滿串起來的鹹光餅，沿途發放給信眾，讓大家「吃平安」〔註39〕，信眾無不爭相討取，也增添遶境遊行的熱鬧氣氛與人情味。

〔註38〕 「鹹光餅」又稱「平安餅、繼光餅、咸光餅、光餅」，相傳為明代抗倭將軍戚繼光所創。鹹光餅通常製成圓形，中間挖個小洞，類似「甜甜圈」，可以串起來，滋味甜中帶鹹。

〔註39〕 「吃平安」為閩南語說法，意即食用後可得神祇庇佑，賜福平安。相傳幼兒吃了表皮硬硬的鹹光餅，可以「頭殼硬，好育飼」，順利平安長大。

第二節　慶典文化意涵

一、聖誕千秋之「神豬祭典」

　　各地的清水祖師廟常以「神豬」(信眾多習慣「刣豬公」與「賽豬公」的說法)祭祀清水祖師〔註40〕,以表示最高的崇敬。〔註41〕但是,清水祖師是北宋時期,福建泉州安溪的佛教禪宗得道高僧,在世時受具足戒未進葷食,因此,各方多有建議,應以鮮花、素果、糕餅與素食祭祀為宜。

　　關於「神豬祭典」的爭議,三峽祖師廟總務組長劉金達表示:「『祖師公吃素,不吃豬肉』,人們誤會了傳統習俗。」〔註42〕又說:「神豬文化源自早年三鶯地區先民為祭拜山靈,通常在農曆年前舉辦,因而結合祖師廟祭典活動一同祭拜,實際上與祖師公無關。」闡述「神豬祭典」原本不是用來祭祀清水祖師,起因於最初福建泉州安溪拓墾先民落居三峽地區,常遭猛獸與當地泰雅族大豹社原住民「出草」襲擊,因此,遂發展出年終除夕殺「神豬」拜山神(山靈)的習俗,以祈求拓墾順利,闔家平安。

　　除夕祭拜山神,大年初六舉行祖師公誕辰,兩個祭祀活動非常接近,因此,便將二個祭祀活動合併辦理,所以「神豬祭典」根本上與清水祖師無關〔註43〕,「三峽祖師廟」官網記載:

> 康熙廿四年安溪人陳瑜率族人到達南靖厝〔今鶯歌南靖里〕開墾;乾隆廿年(一七四九年),安溪人董日旭帶著大批族人致三峽墾荒。在生活日漸安定後,於乾隆卅四年(一七六九年)興建了三峽祖師廟,當時稱為「長福巖」。長福巖祖師廟落成之初,根據姓氏信徒分成陳、李、劉、林、王、大雜姓、中庄雜姓等七大股,每年輪值廟務並負責正月初六祖師爺誕辰祭祀大典。〔註44〕

清水祖師是「為了神豬背上了黑鍋」。以上說法尚未於相關文獻發現記載,

〔註40〕「刣豬公」為閩南語發音,「宰殺豬公」之意。《字彙·刀部》:「刣」音鍾,刮削物也。

〔註41〕中國廣東潮汕地區,也有類似臺灣的神豬大賽,稱為「賽大豬」的習俗,於每年農曆正月十七、十八日舉行。

〔註42〕參見謝佳君:〈三峽祖師廟:神豬文化源自祭拜山靈〉,《自由時報電子報》(二○一三年二月十六日),網址:http://news.ltn.com.tw/news/life/paper/654337」。

〔註43〕同上註。

〔註44〕參錄自「三峽祖師廟」官網,搜尋日期:二○一六年十月十六日,網址:http://szt3d.ntpu.edu.tw/taipei/a/a1/a1.htm

故尙無法得到證實。另又有二種說法，一是「山神」屬於清水祖師廟的護法
神，所以「神豬祭典」見於清水租師祭典；二是雖然清水祖師本身是得道高
僧，不進葷食，但清水祖師麾下的外五營神兵神將，不一定需茹素。此二種
論述，研究者認爲邏輯上有所矛盾，但爲尊重在地傳說，所以一併列出供讀
者參考。

　　每年的「神豬祭典」（「賽神豬」比賽）即是「神豬獻祭」，是將「大豬
公」屠宰後的「大型牲禮」，直接擺置於「豬公架」上祭祀，表達對神祇的
最崇高敬意。〔註45〕獻祭的神豬養得越重，不但能在「賽神豬」比賽中「光
耀門楣」，贏得面子與閃光燈，還可以得到神祇最大的庇佑，爲來年帶來平
安與幸運。通常得到特等獎的「神豬」，總重量都能達一千台斤至一千五百
台斤左右，總是吸引成千上萬民眾湧至寺廟參觀祭拜。

　　新竹縣政府文化局於《二〇一六義魄千秋・義民祭在新竹》的〈含義深
遠的祀典活動〉中，有關於「神豬祭典」原流的敘述：

　　　　神豬、神羊比賽是客家人保存大陸中原祭典舊俗的表現；神豬
　　神羊比賽就是儒家古禮中的「少牢之禮」，以神聖敬重的態度養出最
　　好，皮毛完具的神豬、神羊以奉獻義民神，所以我們可以看到「獻
　　供」、「普渡」現場的神豬都是保留背上的毛，頭尾完整的模樣。且
　　比較有份量，比較重，得賞的大都配以五顏六色、燈光鮮明的豬羊
　　架、豬羊蓬，以示隆重尊敬。神豬、神羊比賽成績固然受重視，那
　　不僅象徵成就榮譽，也代表福份，因爲飼養那麼大，那麼重的大豬，
　　甚至得賞，那非有福份是不可能的……。〔註46〕

神豬被屠宰後，將五臟六腑卸下，然後將完整不切割的整隻骨架，固定於「豬
公架」上祭祀（有些地方的作法，會特別將神豬肚皮與四腳撐開，顯示神豬
龐大的身軀，例如三峽長福巖與新竹義民廟），此時「神豬」已成「牲禮」，
再將神豬牲禮的嘴巴裡，塞一個鳳梨（或橘子、蘋果），以表示旺來、吉祥與
平安。

　　獻祭的神豬背上留有部分豬鬃（有些主人家會將豬公身披五彩或是「豬

〔註45〕　「神豬祭典」是專指「超大豬公的獻祭」，一般正常大小體態的「豬公獻祭」，
　　　　就只稱爲「豬公祭典」。
〔註46〕　參見新竹縣政府文化局：〈含義深遠的祀典活動〉，《二〇一六義魄千秋・義民
　　　　祭在新竹》（二〇一六年八月十一日），網址：http://hakka2016.hchcc.gov.tw/
　　　　main_site/main.asp?main_id=517&act_id=14

腹網膜（豬腹膜）」，靠近脖子處，插著屠宰獻祭的屠刀與「祭籤」（書寫恭賀神祇聖誕千秋字樣與獻祭者姓名）。神豬脖子上掛著錢幣（「外圓內方」的古錢幣或摺疊綁成一串的紙幣）項鍊或是金牌，下方垂掛還留有尾翅的雞與鴨、貼著紅紙的活魚及神豬「腹內」（內臟、五臟六腑）。前方祭拜香案上，兩側對稱擺著鮮花、香燭與「三牲四果」的供品，中間擺放香爐敬香，獻酒三杯，虔誠祭祀寺廟主祀神祇，祈求風調雨順、國泰民安、闔家安康。

「豬公祭典」的溯源，可依儒家與道教不同的觀點來說明。儒家的說法是根據《儀禮‧少牢饋食禮第十六》：

> 少牢饋食之禮。日用丁己。筮旬有一日。筮於廟門之外。主人
> 朝服，西面於門東。史朝服，左執筮，右取上韇，兼與筮執之，東
> 面受命於主人……牲北首東上。司馬刲羊，司士擊豕。宗人告備，
> 乃退。雍人摡鼎、匕、俎於雍爨，雍爨在門東南……上饌興，出。
> 主人送，乃退。〔註47〕

大夫祭拜天、地、神祇與祖先，用全豬祭拜稱為「饋食之禮」（「少牢饋食之禮」）。「太牢」是古代祭祀的最高規格，通常是用一頭活全牛，而且只有皇帝可以使用，主要用在祭天。「少牢」則是大夫祭祀的規格，通常是用一隻活全羊。士紳等即則使用「饋食」祭祀的規格，通常是用一隻活全豬。清潮統治時期，修改了太牢的規格，將太牢降格兩等為牛、羊、豬。因此，鄉紳與仕紳階級以豬來進行祭拜，即是維持傳統儒家禮法精神。

道教對於「豬公祭典」的說法，是融入了部分佛教與民間信仰的內涵，採用「超度」、「輪迴」與「轉世」的觀念。「超度」也稱「超薦」〔註48〕，在傳統世俗佛教、道教與民間信仰中，以「布施、誦經、拜神」等方式，使亡靈彌補生前罪業，並得到福報，以減輕或脫離死亡後的苦痛，跳脫「畜生道、餓鬼道、地獄道」等「三惡道」輪迴。「豬公祭典」的本質意義，並不是獻祭豬公予神祇，而是藉由神祇廣大無邊的神力與功德，承擔起豬公累世的業報（業報無法赦免和消除），幫助被獻祭的豬公，能夠離苦得樂，早日脫離畜生道，輪迴轉世至「三善道」（天道、阿修羅道、人道）。

因此，能超度、薦拔豬公的神祇，一定是具備崇高神格地位與無上功德的神祇，一般神格較低的普通神祇，是擔不起豬公累世業報的。所以，除了

〔註47〕　〔清〕吳廷華：《儀禮章句‧卷十六》（《欽定四庫全書‧經部四‧禮類二》）。
〔註48〕　「超度」，也稱「超渡」，俗稱「作功德」、「作功果」等。

本論文提到的清水祖師廟、保儀雙忠廟、開漳聖王廟、義民爺廟與少數觀音寺之外，一般只有在拜天公（玉皇大帝）時，才有機會見到「刣豬公」的「豬公獻祭」〔註49〕。此外，臺灣民間習俗流傳，「刣豬公」要「許大願」，有些時候還必須「擲筊」，要神明同意後（神明會衡量你的誠心，以及你累積的功德是否足夠承擔豬公的業報），才能舉辦豬公獻祭。〔註50〕

除了清水祖師廟聖誕千秋，有「神豬祭典」之外，全臺灣尚保留神豬祭典儀式的信仰神祇與寺廟，還有散布各地的開漳聖王廟、集應廟、保生大帝廟、義民廟與少數觀音寺等〔註51〕，但是「神豬祭典」規模大小不一。

二、驅邪祛煞之繞境靖鄉

屈尺岐山巖與廣興長福巖，二個移墾聚落的信仰中心，將保儀雙忠繞境活動與清水祖師祭祀進行結合，呈現清水祖師信仰與保儀雙忠信仰融合的情形。新店溪流域的清水祖師信仰圈與保儀雙忠信仰圈，是所有在地住民共同的信仰文化，蘊藏豐厚的文化資產，對於移墾聚落住民的在地認同，促進地方繁榮發展與經濟能量，具有相當大的影響力。隨著臺灣工商業發展，經濟起飛，社會變遷，陸續有許多不同原鄉的新住民們，加入當地生活圈，但清水祖師信仰圈結合保儀雙忠信仰的迎神賽會等活動，已經歷史久遠，且根深柢固，並未因人口組成改變而因此受到影響。

每年農曆三月二十三日當日，新店大坪林五庄也都會舉行傳統信仰民俗的「放軍」遶境活動。前新店區信義里里長周翁水表示，大坪林五庄的放軍遶境活動，在地方文化與發展歷史上，有著相當重要的文化傳承意涵。「放軍」起源於過去大坪林五庄農作物，曾遭受嚴重的蟲害威脅，五庄居民農作欠收影響生計，因此，顯應祖師公顯靈指示要放軍遶境，庇祐大坪林五庄五穀豐收（與清水祖師、保儀雙忠出巡遶境意義相同）。顯應祖師公派遣（放軍）「神兵神將」鎮守大坪林五庄四方，驅蟲祛疾，自此蟲害受到「控制」。

新店大坪林五庄地區的「求平安」、「謝平安」、「迎尪公」與「放軍遶境」

〔註49〕研究者有位朋友，老家在雲林鄉下，他是家中獨長子，結婚時「刣豬公」進行豬公獻祭，因為要「拜天公」，對天地神明展現最大的敬意。

〔註50〕傳說有人未經「擲筊」，未得神明同意，即「刣豬公」進行豬公獻祭，結果不但未得神明庇祐，反而家庭屢遭橫禍。

〔註51〕尚保留神豬祭典儀式的觀音寺有林口竹林山觀音寺、桃園縣觀音鄉甘泉寺與竹北蓮華寺；保生大帝廟有蘆洲保福宮等。

等宗教信仰與地方民俗活動，對於許多大坪林五庄移墾聚落的居民來說，不但是一項宗教信仰儀式，更是一年一度的地方大盛事，傳承著地方文化與歷史，也承載著先民的拓墾精神。

新店溪東岸的大坪林地區，有一個「族群械鬥」的故事流傳。在清朝統治咸豐三年（1853），居住在新店溪東岸大坪林聚落的泉州族群，與新店溪西岸安坑聚落的漳州族群，因土地、水權等經濟利益，發生激烈的族群衝突。當時大坪林聚落的泉州族群因獲得保儀大夫的護佑而打敗安坑聚落的漳州族群，為了永遠感念保儀大夫的恩澤，因而大坪林地區成立了「神明會」，每年祭祀保儀大夫。〔註52〕過去新店青潭地區與烏來地區，也都會迎請木柵忠順廟（祖廟）的保儀大夫出巡，財團法人忠順廟董事長陳欽賜表示：

> 早期，北台灣各地農民相信「尪公」是驅除田園害蟲的神，民間認為「尪公」神輿踩踏經過之處，可消滅害蟲，所以，將神像置於兩人抬扛的小型輦轎上，恭迎「尪公」神輿繞行田埂小道。〔註53〕

不過，當散布在各地方移墾聚落的寺廟，發展到有屬於自己的「尪公」後，就不再到木柵忠順廟迎請，也有寺廟是直接分靈或迎請忠順廟保儀大夫常駐，例如新店大坪林庄的斯馨祠（新店地方發展史中的第一座土地公廟）。

三峽地區恭迎保儀雙忠，出巡遶境靖鄉的期間相當長，至少會到八月中旬之後，在將保儀雙忠諸神祇恭送回景美集應廟與木柵忠順廟祖廟前，還會在長福巖前演大戲。農曆八月十五日以長福巖為中心的三峽主要地區，迎請尪公的祭典與出巡儀式，除了具有傳統意義上「護佑農作、驅蟲祛疫、保境安民」的功能外，還有安定民心，凝聚鄉里，團結同心的作用。保儀雙忠信仰圈的宗教信仰與民俗活動，除了象徵著延續拓墾先民的剛毅精神，也為了一整年的農產豐收與闔家平安，向保儀雙忠致上最虔敬的感恩。

除了上述保儀雙忠信仰圈，有固定時間辦理遶境靖鄉活動之外，大臺北地區還有一些區域，有固定「迎尪公」的祭典活動，尤其是在淡水河及新店溪沿岸地區。早期汐止、景美、木柵、深坑、石碇與新店等地，都是生產茶葉的區域，由於茶樹易受病蟲害影響，因此會固定時間請來「尪公」，繞境靖

〔註52〕參閱本論文「第二章第三節『新店溪流域歷史傳說』之『新店安坑內、外五庄傳說——新店安坑漳泉族群衝突故事』」。

〔註53〕參見黃旭昇：〈保儀大夫農業守護神「尪公巡茶園」〉，《中央通訊社》（二○一六年四月二十九日），網址：https://tw.news.yahoo.com/%E4%BF%9D%E5%84%80%E5%A4%A7%E5%A4%AB%E8%BE%B2%E6%A5%AD%E5%AE%88%

鄉驅蟲袪疫，這些種茶的地區，自然也就成為保儀雙忠信仰圈。

樹林柑園地區「迎尪公」出巡繞境的活動，已由在地的學校與社區共同經營，發展成「尪公文化祭」的在地亮點，成為在地的重要宗教文化活動，也重新詮釋慶典文化意涵，成為一種新模式的信仰文化特色。

新店龜山地區每年農曆四月十八日，除「迎尪公」的廟會活動之外，當地住民幾乎都會「辦桌」，熱情招待親朋好友，「辦桌」越多桌，表示當年豐衣足食，也代表人際關係寬廣，同時也祈祝來年，生活更加順遂與富裕。

多數的繞境靖鄉活動中，都會有「換香」的儀式，信眾們將自己的「自家香」，與遶境神祇的「神明香」進行交換，之後信眾們再將換得的神明香，插於家中的香爐裡，代表神祇的神威顯赫，庇佑信眾們闔家平安。

此外，臺灣廟會遶境活動中，也時常見到充滿人情味的「鹹光餅」（平安餅、繼光餅、咸光餅、光餅）。鹹光餅通常置於繞境的「尪公神將」與「官將首」的身上，一般都是掛在脖子或腰間等部位，也有以刀叉等兵器，掛上整串的鹹光餅，沿路發送給信眾們，若是遇到團體多人的索取，也有以整袋鹹光餅分送的情形，其文化意涵即是讓信眾們「吃平安」，「有拜、有吃、有保庇」，得到神祇庇佑，賜福平安。此外。另有嬰兒和幼童吃了硬皮鹹光餅，就能夠得到神祇護佑，而有「頭殼硬，好育飼」的說法。換香儀式與發送鹹光餅，不但增加了信眾們的參與感，也提升了出巡繞境的熱鬧場面。

第三節　信仰文化特色

新店溪流域移墾聚落信仰圈內的寺廟，由於開發歷史與族群分布的原因，相關神祇祭祀與寺廟慶典活動，都有在地的文化元素與族群特色。常在主祀神祇聖誕千秋慶典見到的「神豬祭典」，不論是泉州安溪族群的清水祖師、保儀雙忠祭典，還是漳州族群的開漳聖王祭典，都占有非常重要的一席之地；聖誕千秋祭典的「三獻禮祭典」科儀，也是各寺廟必有的儀典；屈尺、雙溪口與廣興清水祖師與保儀雙忠聖誕千秋祭典、新店安坑地區開漳聖王聖誕千秋祭典、屈尺、雙溪口與廣興地區清水祖師與保儀雙忠信仰結合「迎尪公」、新店大坪林地區「迎尪公」與「放軍遶境」、景美、木柵尪公祖廟與三峽地區「迎尪公」、景美尪公祖廟與深坑、石碇地區「迎尪公」、大漢溪流域樹林與柑園地區「迎尪公」、福德正神與保儀雙忠信仰圈繞境靖鄉、天上聖母與開漳聖王信仰圈繞境靖鄉。以上諸多的信仰圈慶典活動，部分內容已在前

面章節進行論述，本節將接續前兩節「慶典活動內容」與「慶典文化意涵」，在「聖誕千秋祭典」與「出巡繞境靖鄉」的內容詳述之後，再針對「信仰文化特色」的部分，進行「新店溪流域慶典活動與信仰文化」的探究。「祈安植福禮斗法會」與「乞龜習俗」這兩項信仰文化活動，形式有趣又意義深遠，就是新店溪流域移墾聚落信仰圈內，主要寺廟都會進行的年度慶典活動，也是在地的信仰文化特色。

一、祈安植福禮斗法會

　　臺灣許多屬於道教系統的宮廟，年度祭典行事例中，都會有「祈安禮斗法會」之類的宗教信仰儀式和活動，各宮廟科儀內容通常大同小異，不外乎「移星轉斗」、「拜斗延壽」等儀式，都是為信眾祈求植福延壽、消災解厄，祈應「男添百福，女納千祥」。不過，各宮廟舉辦祈安禮斗法會的日期各有不同，有些宮廟是結合主祀神祇的聖誕祭典日期，有些宮廟則是結合春季與秋季（春季與秋祭）的活動，也有些宮廟是在「斗姆元君」（「斗姥元君」）聖誕祭典日期舉辦。新店溪流域移墾聚落各主要中心廟宇，也是同樣的情形〔註54〕。例如：新店屈尺岐山巖，農曆九月七日至九月九日連續三日，舉行「南、北斗星君下降」，「元明道姥」（「斗姥元君」、「斗姆元君」）聖誕祈安禮斗大法會（重陽禮斗、三日拜斗法會）〔註55〕；木柵忠順廟，農曆四月十日尪公聖誕祭典，四月八日與九日祈安禮斗法會；碧潭大坪頂太平宮，農曆九月一日至九月九日連續九日，舉行「九皇禮斗祈安植福消災延壽大法會」；新店安坑三城日興宮，農曆五月五日農曆舉行「謝府元帥聖誕祝壽法會」，祈求「平安米」，十月十三日至十月十五日連續三日，舉行「龍華祈安禮斗大法會」（「消災祈福祈安禮斗大法會」），求福、求壽、消災解厄，十月十三日「安斗」，十月十五日「圓滿謝斗」。

〔註54〕 每座宮廟的「祈安禮斗法會」日期都不同，例如三峽清水祖師廟長福巖，於農曆正月十三日起，進行「祈安植福禮斗法會」，正月十三日至十五日「起斗」，十月九日至十五日「圓斗」；士林芝山巖開漳聖王廟惠濟宮，於農曆二月十二日至二月十六日，舉行「恭祝開漳聖王聖誕暨春季禮斗法會」，農曆九月九日舉辦「斗姆元君、中壇元帥聖誕」，農曆九月十二日至九月十六日，舉行「秋季禮斗暨重陽敬老延壽法會」；板橋媽祖廟慈惠宮，於農曆正月六日至八日，進行「歲首玉皇上帝聖誕祈安禮斗法會」，農曆三月十八日至三月二十二日，舉行「天上聖母聖誕千秋祈安禮斗大法會」，農曆九月四日至九月八日，舉行「媽祖成道紀念日祈安禮斗大法會」。

〔註55〕 道教認為「斗姆元君」主宰人的元辰。

（一）禮斗法會的信仰文化意義

臺灣民間信仰有二句俗話：「南斗注生，北斗注死」、「未注生，先注死」。「南斗星君」與「北斗星君」都是掌握世人壽命生死、富貴吉凶的神祇。星象學中的「南斗星座」由六顆星組成，形狀似斗，指向「南極星」，傳說南極星掌管世人的福壽爵祿，因此，民間信仰將南極星與南斗星座轉化成「南極仙翁」（「南極大帝」、「延壽星君」）壽星崇拜；星象學中的「北斗星座」由七顆星組成〔註56〕，道教信仰稱為「七元解厄星君」，是天道星辰運行的樞紐，也是世人本命星宮之處。道教的觀點認為，「斗」是世人的「本命元辰」，世人的生死造化，來源與歸宿皆在「斗府」。世人離世後，魂魄即歸宿於「北斗」，所以世人逝世又可以稱為「星沉北斗」。

常見道教系統的宮廟，在春、秋兩季會舉行集體式的「祈安禮斗法會」〔註57〕，這就是臺灣民間信仰活動俗稱的「禮斗」或「拜斗」。道教經由「司命信仰」，逐漸發展出祭拜斗星的科儀，因此可推知，「拜斗信仰」即是屬於一種「星辰信仰」。道教認為「祈禳北斗」，可以消災解厄。《三國演義》寫諸葛孔明病重之時，在軍帳中設香案祭品，「禳星禮斗」，作法祈禳北斗，祈求延壽以抗曹魏。〔註58〕

「禮斗」就是「禮拜斗燈」、「祭拜斗燈」，又稱為「朝真禮斗、拜斗、科斗」，相傳創始於漢朝張道陵天師。「禮斗」是道教所專有的科儀，其他宗教無拜斗的儀式，所以民間信仰流行「佛無科斗，道無放焰口」的說法。世人的生命由天轉降凡塵，凡塵有「青龍（色青、屬『性』）、朱雀（色赤、屬『靈』）、勾陳（色黃、屬『神』）、騰蛇（色黃〔註59〕、屬『意』）、白虎（色白、屬『魂』）、玄武（色黑、屬『魄』）」六神靈性之氣影響世人六識，因而有「吉、凶、休、咎、禍、福」。參加科斗（拜斗、禮斗）禮懺，即是朝拜自己的本命元辰，並轉介神佛仙聖的造化，以期增添元辰光彩，趨「吉、福」避「凶、休、咎、禍」，轉化負面能量，消災解厄，祈福延壽平安。

〔註56〕「北斗七星」的中國星名，由斗口至斗杓連線，依序為「天樞、天璇、天璣、天權、玉衡、開陽、瑤光」，此外，另有命相學常用的古名「貪狼、巨門、祿存、文曲、廉貞、武曲、破軍」。第一顆星至第四顆星為「魁」（「斗魁」），又稱「璇璣」；第五顆星至第七星為「杓」（「斗杓」），「魁」與「杓」合而為「斗」。

〔註57〕此時間點的春季與秋季，亦可言「春祭」與「秋祭」二個祭典時間。

〔註58〕《三國演義》卷二十一（孔明秋夜祭北斗）。

〔註59〕「勾陳」與「騰蛇」都位於「中央戊己土」，色皆為「黃」，但分屬「神」與「意」。

（二）禮斗的形式與種類

禮斗的種類，可依「斗燈」的祈福與祭祀性質，以及發心供奉的「拜斗者」類別來分別論述。依「斗燈」的祈福與祭祀性質，至少可分成「斗母元君」（「斗姥元君」、「斗姆元君」）、『神、仙、佛、聖』斗、『福、祿、壽』斗、五方斗、大眾斗等數種。「斗母元君」是所有斗的元君（總斗首）；「神、仙、佛、聖」斗燈（「斗燈首」）〔註60〕，是為了尊敬某一特定的神、仙、佛、聖，祈求庇佑闔家平安、諸事順利而拜之斗，譬如「玉皇斗首、三官斗首、觀音斗首、帝君斗首、聖母斗首、聖王斗首、元帥斗首、財神斗首、福德斗首、紫微斗首」等；「福、祿、壽」斗燈，是為了祈求「福、祿、壽」三寶而拜之斗；「五方斗燈」，是「東、南、西、北、中」五位星君的總稱，東斗是「主算護命星君」，南斗是「六司延壽星君」，西斗是「記名護身星君」，北斗是「本命延生星君」，中斗是「大魁保命星君」。「五方斗燈」以北斗為主，其次為南斗。

依「斗燈」供奉的「拜斗者」類別，可分為「公斗」與「私斗」二種。「公斗」是由廟方或禮斗主辦單位設置，一般都是祈安禮斗法會中的「總斗」，目的在為廣大信眾消災祈福；「私斗」是由個人發心供奉，通常是為個人或家庭消災祈福。

（三）禮斗祭器與法器的宗教功能

「祈安禮斗法會」中，「斗燈」是最為主要的祈福祭祀之物，傳統的「斗燈」又稱「七星燈」，是禮斗的祭器之一。一組（一副）完整的斗組，由「米斗、斗籤、油燈火、斗燈傘」四項所組成〔註61〕，米斗內放置「木劍、剪刀、銅秤、竹尺、斗鏡」等五種法器〔註62〕，代表「宇宙萬星、青龍、白虎、朱

〔註60〕祈安禮斗法會中所謂的「斗燈首」，亦指特定神祇的斗燈，一般是由個人、數個人或公司行號的名義發心認捐，通常費用高很多，但據說擔任斗燈首，可以獲得神祇較多的庇祐與賜福。（參考新店溪流域移墾聚落宮廟禮斗費用，目前「大眾斗」與「五方斗」費用平均約六百元至三千元，「斗燈首」費用平均約五千元至三萬元，「總斗首」費用平均約三萬元至六萬元。）

〔註61〕今日常用燈泡代替油燈火。油燈火使用的「燈油」代表「陽氣」，燃燒的燈火屬於「陽火」，因此，有斗燈必須依傳統採用油燈（避免失去原始的意義），而非使用電燈泡的論點。

〔註62〕雖說米斗內放置「斗鏡、劍、尺、秤、剪刀」等「法器」，其實都是隨身可取得的日常必需用品，「劍」與「刀」同意。有些拜斗也會放置「算盤」，意指「公平、公正、公道」。

雀、玄武」，象徵「五方」與「五行」之數。此外，另有傳統的斗燈必須放置十二種器物的說法，稱之爲「十二種寶物」（「斗燈十二寶」），此類斗燈的組成內容包括「米斗、斗燈傘、斗籤、油燈火、燈油、斗米、木劍、剪刀、銅秤、竹尺、斗鏡、七色線」等。

禮斗各祭器與法器所代表的意義，整理敘述如下：

1、米斗：意指宇宙天地中間，屬「土」。圓形米斗代表大地承載，以及生養萬物，生生不息之意。

2、斗燈傘：又稱「寶傘、涼傘、彩傘、華蓋」，代表「護佑（扶幼）元辰」之意，也意指神祈降落凡塵庇佑，覆蓋與護育萬物生靈之意。

3、斗籤：又稱「元神籤」，表示本命元辰。斗籤上面書寫參與拜斗者的姓名、生辰年月日與地址，插於裝上米的米斗內，斗燈傘的下方，表示祈求個人本命元辰光彩。

4、油燈火：又稱「斗燈、油燈、燭火、長明燈」，意指北斗星辰，日、月、星三光合照，也指「神光」普照。「燈油」代表「陽氣」，「油燈火」代表著「陽火」，屬「陽」，是光明的象徵。拜斗期間斗中燈火需長明不滅，代表光明生生不息，元辰光彩煥發。

5、斗米：米爲避邪之物，斗中裝滿米，意指繁星佈滿宇宙內，也代表五穀豐收與食祿有餘。米可以養活萬物生靈，因此又代表生機，象徵生命綿綿不絕。〔註63〕圓滿謝斗之後，斗米由拜斗者自行帶回。

6、木劍：意指東方「青龍」，屬「木」，「青龍桃木七星劍」，藉著紫氣東來，斬妖除魔。有些斗燈會在米斗二邊斜插二支「木劍」〔註64〕。

7、剪刀：意指南方「朱雀」，屬「火」，「朱雀鳳凰朝儀剪」，代表除邪，能剪邪立正，正善立身。剪刀的「剪」閩南語發音與「家」同音，取其諧音雅意「闔家平安」之意。

8、銅秤：意指西方「白虎」，屬「金」，「白虎戥點兩生秤」，也代表「公平、公正、公道」。秤是衡量輕重的工具，暗喻爲人處事須知斤兩輕重。

9、竹尺：意指北方「玄武」，屬「水」，「玄武天蓬大法尺」，表示能知深

〔註63〕「米」與「鹽」在道教及民間習俗中，被當作避邪之物，具有驅邪祛煞的功能。道教科儀中，請神與祛邪，經常用到「米」與「鹽」。道教並以「五斗米」爲信眾消災解厄，在斗中裝滿米，就是象徵生命的綿綿不絕。

〔註64〕道教科儀與民俗傳說皆認爲，「桃木劍」具有斬妖除魔、驅邪避煞的法力，是道士作法時非常重要的法器（一般用「七星劍」或「桃木劍」）。

淺,度量善惡。尺是由「分、寸」刻度而成,代表凡事要有分寸,做人處事不逾越分際。

10、斗鏡:通常為「圓鏡」,意指「光亮心境」與代表「圓滿」。照妖驅魔,除袪心中邪屬。斗鏡的「鏡」與「境」同音,取其諧音雅意「闔境平安」之意。「鏡」還有正衣冠、明得失、知興替、辨別是非忠奸的內涵。

11、七色線:代表分際,隱喻斷絕七情六慾之意。

12、算盤:意指「公平、公正、公道」,「千算萬算不值天一畫」(臺灣諺語,意指「千算計、萬算計,比不上老天爺筆一畫」)。〔註65〕

二、「乞龜」文化與習俗

新店溪流域移墾聚落的主要中心廟宇,在年度祭典(慶典)行事例中,都會有「乞龜」、「還龜」、「平安龜」、「神龜」與「餅龜」之類的宗教信仰活動,有些宮廟是在農曆正月十五日元宵節(上元節)舉辦,有些宮廟則是在主祀神衹的聖誕祭典日辦理〔註66〕。各宮廟進行「乞龜」與「還龜」,或是祈求「平安龜」與「餅龜」的活動方式通常差不多,大多是經由擲筊祈求(「乞」求)神衹應允後,得到「平安龜」的模式進行,而明年必須「將龜養大」來「還龜」〔註67〕,因此,經過多年之後,常會「養出超級大餅龜」。新店屈尺岐山巖,是在農曆正月初六,舉行「慶祝清水祖師聖誕三獻法會」及「祈求平安龜」;新店廣興長福巖,也是在農曆正月初六,舉行「慶祝清水祖師聖誕三獻法會」及「祈求平安龜」;碧潭大坪頂太平宮,農曆正月十五日,舉行「慶賀上元祈求平安龜法會」;新店安坑三城日興宮,也是農曆正月十五日,舉行「元宵節晚會祈求平安與餅龜」。

(一)「乞龜習俗」的文化意義

臺灣宗教信仰自由,信仰圈慶典豐富且多元,因此,經由宗教信仰與寺

〔註65〕 另臺灣諺語:「憨人吃天公。」也是指凡事不要過於算計,無需太計較,因為「天公疼憨人」。

〔註66〕 每座宮廟舉行「乞龜」、「還龜」、「平安龜」與「餅龜」的活動日期都不同,例如臺北士林芝山巖開漳聖王廟惠濟宮,於農曆二月十五日「開漳聖王暖壽慶典,午時過火拜牲禮,乞龜」,二月十六日「開漳聖王一三六〇(2016)聖誕,九時祝壽三獻禮,乞龜」;臺北大稻埕法主公廟,每年農曆九月二十三日是主祀法主公聖誕,也是法主公廟「乞龜、還龜」的日子。

〔註67〕 「將龜養大」意為「加大奉還」(或「加倍奉還」),例如今年乞求到二斤的平安餅龜,明年則需奉還二斤以上的平安餅龜。

廟慶典，所衍出來的生活習俗與信仰文化，也就五花八門，多采多姿。在北臺灣新店溪流域移墾聚落，農曆正月十五日元宵節期間，最有意思的民俗與信仰活動，除了提燈籠、拿火把、花燈比賽與猜燈謎之外，大概就是寺廟與宮壇裡，舉辦的「乞龜」（「求平安龜」、「卜丁龜」〔註68〕）習俗。

　　「乞龜」是臺灣民間世俗信仰中，非常有特色的文化與習俗，充滿信仰溫馨與濃厚人情味，還有神、人之間的「誠信與約定」。「乞龜」起源於古時候的「活龜祭祀」，隨時代慢慢演化之後，活龜祭祀的習俗，才逐漸轉化成以米食製作「麵龜」、「餅龜」、「肪片龜」與「紅龜粿」來祭祀，以及提供信眾祈願乞求。「乞龜」就是寺廟在元宵節或神祇聖誕慶典時，由廟方或信眾，準備一些用糯米、麵粉、麵線、綠豆凸、「沙其馬」、鳳梨酥、蛋糕等食材，製作成「紅龜」、「餅龜」、「米龜」、「麵龜」、「米糕龜」或「肪片龜」〔註69〕，抑或是擺放成「壽龜」的形貌，在元宵節或神祇聖誕慶典當日，供信眾擲筊請求神祇，乞得「平安龜」，並祈求平安、健康與財利。「平安龜」帶回家後，與家人一起分食「吃平安」，年長者分食「頭、尾、四肢」部位，年幼者則分食龜身部位，象徵分享「平安龜」的靈力，與分享神祇所賜福分，庇佑闔家安康，添福添壽。

　　「乞龜習俗」通常在「元宵節（上元節）」或神祇聖誕慶典時舉辦。會在元宵節舉行「乞龜習俗」，是因為農曆正月十五日上元節〔註70〕，即是「天官一品紫微大帝」的聖誕萬壽，是天官賜福的節日，各地寺廟及宮壇多會舉辦「乞龜」活動，讓信眾向神祇祈求象徵長壽與福祿的「平安龜」。「乞龜習俗」在臺灣，已成為元宵節裡，繼花燈與猜燈謎之外，相當重要的一個民俗信仰活動特徵，完全符合天官賜福信仰的特色。

　　「龜」在傳統文化與民間習俗裡，被認為是「四大靈獸」之一〔註71〕，

〔註68〕「卜丁龜」即擲筊應允「丁龜」。「丁」古為「男丁」之意，今倡議男女平權，故再加上「女丁」之詞。「丁龜」與「丁板」、「新丁板」形態或許不同，但意義相同。

〔註69〕傳統「肪片龜」的主要成分就是糯米與白糖。烏龜成型後，畫上龜殼，題上四字吉祥話，例如：「滿載而歸」。

〔註70〕客家族群對元宵節稱呼「正月半」。

〔註71〕在中國星象學與堪輿學中，指「青龍、白虎、朱雀、玄武」四大神獸，分別代表「東、西、南、北」四個方位，也稱「四象」、「四神」和「四聖」。若再加上代表「中央」的「黃龍、螣蛇（或作『騰蛇』，泛指能興霧乘雲而飛行的蛇，為中國傳說神獸）、麒麟、勾陳（六星排列呈勾狀，屬紫微垣。『勾陳一』

與「白鶴、松樹」一樣，被視爲長壽的吉祥物與象徵物，所以常以「龜齡」來代表高齡與長壽。「龜」與「歸」讀音相同，西漢褚少孫《補龜策列傳》：「能得名『龜』，財物『歸』之，家必大富。」閩南語「龜」與「久」讀音相近，加上陸龜的腳指頭正好「前五後四」，因此遂演變出「天長地久」的寓意，更加深了世人對「乞龜文化」的期待。

因爲「龜」有這樣的吉兆意涵，所以在臺灣民間信仰與慶典等喜慶活動時，都會製作「紅龜」、「紅龜粿」、「鼠麴粿」（「鼠麴粿」）〔註72〕、「麵龜」、「餅龜」與「紅粄」〔註73〕（也稱「大粄」、「丁粄」）等糕餅〔註74〕，來感恩添丁，或祝禱添丁，增添喜慶的吉祥氣氛。〔註75〕因此，「乞龜」也就成爲民間信仰慶典活動中，信眾最熱衷的活動之一。《管子‧牧民》：「倉廩實則知禮節，衣食足則知榮辱。」（司馬遷《史記——貨殖列傳》：「倉廩實而知禮節，衣食足而知榮辱。」）米食是亞洲地區東方民族最重要的主食之一，各式米食

是最接近『北極點』的亮星，故稱爲『北極星』）」，即爲「五方」、「五行」。「四象」原是四方民族信仰的圖騰，青龍是「東夷」的圖騰；白虎是「西羌」、「西戎」的圖騰；朱雀是「南蠻」的圖騰；玄武（龜蛇）是「北狄」的圖騰。中國傳統方位的排法，南方在上方，北方在下方，東方在左邊，南方在右邊，與現代常用以北方在上方的方位概念不同，所以，四象方位會描述成「左青龍（東、木）、右白虎（西、金）、前朱雀（南、火）、後玄武（北、水）」，並與五行在方位上相對照呼應。

〔註72〕 在臺灣鄉村田埂、坡地與荒地上，常見到的毛茸茸「鼠麴草」（「鼠麴草」），洗淨、川燙、切碎、熬煮後，與米糰（糯米與蓬萊米混合研磨）揉在一起做「粿（粄）」，閩南族群稱爲「鼠麴粿」，客家族群稱爲「艾粄」。鼠麴草分布範圍非常廣，除了臺灣之外，北從日本、韓國、中國、馬來西亞、印度、阿富汗皆可見，可以說是亞洲的代表性植物之一。新北市深坑區有「鼠麴粿的故鄉」之稱，農民將鼠麴草栽作成鼠麴草田，所以有大量的鼠麴草材料可以使用，最近這些年更積極推動「鼠麴草文化」，目前國內鼠麴粿禮盒龍頭廠商「小烏龜鼠麴草仔粿」即是從深坑發源。

〔註73〕 「紅粄」的原料通常是糯米（軟黏）和蓬萊米（硬實）掺半研磨混合（爲了讓米糰有一定的硬度，陰刻板模圖形才能成形），再加入紅色食用色素，讓外觀成吉祥討喜的紅色，並扣在陰刻模型上，呈現出吉祥的圖案（龜形）。

〔註74〕 糯米製成的各式米食，閩南人通稱爲「粿」，客家人通稱爲「粄」。「新丁粄」是指專爲「新丁」而而作的粄，「打新丁」即製作新丁粄，「拜新丁」是將新丁粄送至寺廟祭祀。其它的客家米食還有「艾粄（鼠麴粿）、水粄（碗粿）、九層粄（三層粿）、粄圓（湯圓）、粢粑仔（麻糬）、米粢目（米苔目）、牛汶水（湯粢）」等等。

〔註75〕 米製品的製作與巧思，讓米食跳脫日常飲食必需品，提升至婚喪喜慶、節日習俗與叩謝神恩時，代表性的獻禮。

與米類製品，也可說是東方飲食文化的代表。

　　雖然「龜」在傳統文化與民間習俗裡，被視爲祥瑞之兆，因而發展出「乞龜習俗」，但臺灣的「玄天上帝廟」卻不「乞龜」而「乞桃」，以「紅桃」、「壽桃」供信眾乞求。例如南投縣名間鄉松柏嶺「受天宮」，正月十五日元宵節不是舉行「乞龜」活動，而是舉辦「博米糕桃」活動，「元宵米糕桃萬人吃平安」〔註76〕。因爲松柏嶺受天宮主祀「北極玄天上帝」（又尊稱「眞武大帝、玄武大帝、開天大帝、北極大帝」），信眾不以「上帝公」（俗稱或暱稱「帝爺公、上帝爺公、上帝爺、帝爺」）部將作爲祭祀、祭品對象〔註77〕，因而將「麵龜」之類的食品，改爲「壽桃」造型。「桃」與「龜」在民間宗教與信仰文化知識系統中，都是具有祈求「長壽」的象徵意涵，「壽龜」與「壽桃」自然可以交替互用。

　　南投名間松柏嶺「受天宮」元宵節不「乞龜」改「乞桃」之外，高雄岡山「北興宮」元宵節則流傳「乞豬」習俗，每年「乞豬」活動都熱鬧非凡〔註78〕。二〇一六年「豬王」由「一百八十六斤花生糖、一百斤白米」組成，共重二百八十六斤，另外還有新臺幣三萬六千元現金。北興宮乞豬習俗是奉主祀神祇北極玄天上帝降乩指示辦理，乞豬的「豬王」由「擲筊」方式，以「聖筊（聖杯）」次數多寡決定勝負，擲出最多聖筊的人，即可迎回豬王。一年時間「將豬養大」，明年「還豬」時，再由今年得主隨喜心意增加豬王重量。除了乞豬「豬王」之外，還有二十隻「小豬仔」，只要擲筊得到 1 個聖筊，即可將小豬仔迎回。元宵節乞豬當日，北興宮還備有「平安米」與其他祈福食品，讓信眾祈求「吃平安」。

〔註76〕受天宮「元宵米糕桃」始於一九九一年，爲配合當年交通部觀光局辦理「建國 80 年紀念」，所策畫的各縣市特色民俗活動，當時仍爲「大米龜」，直至一九九七年，才改製爲「大壽桃」，提供信眾元宵節當日分享食用，以祈求延年益壽。一九九七年大型米糕桃有五百斤，隨著每年「將桃種大」不斷增加米糕分量，二〇一六年大型米糕桃已經有一萬一千九百八十八斤，外形已非常巨大驚人。

〔註77〕玄天上帝腳踏「龜、蛇」二將，左踏龜，右踏蛇。傳說玄天上帝剖開自身腹肚，將腸胃棄於河中，胃成龜精，腸成蛇精，玄天上帝乃下凡除妖，制服後收爲部下，此後龜、蛇從此成爲玄天上帝部將。此外，有玄天上帝因收妖過程激烈，冠履俱失，因此原始造形爲「披髮、赤足、執劍、腳踏龜蛇」的傳說。

〔註78〕參見蘇福男：〈元宵各地廟宇多「乞龜」這裡卻是「乞豬」〉，《自由時報》（二〇一六年二月二十三日），網址：http://news.ltn.com.tw/news/life/breakingnews/1611221

由「受天宮」不「乞龜」改「乞桃」，以及「北興宮」不「乞龜」竟「乞豬」的習俗，可印證宗教信仰與民間習俗，具有「開放性」、「轉化性」與「變異性」，可「入境問俗」，也可「因地制宜」。只要不違背良善風俗，不違反人心與理性，祭典儀式與慶典習俗，都是可以經由討論與溝通而進行調整的。臺灣近年來受西方文化及多元媒體興起影響，許多慣性思考的舊思維都受到衝擊與挑戰，這也是傳統信仰文化調整、轉型與創新的新契機。

（二）「乞龜」的儀式

北臺灣新店溪流域移墾聚落的寺廟，「平安龜」的乞法皆大同小異。通常乞求平安龜的人，須焚香向神祇虔誠禱祝，說明心中祈願與禱祝事由，祈求神祇應允所欲求取的平安龜，並承諾來年「還龜」增重奉還（或加倍奉還）。焚香禱祝後，進行「擲筊」（「卜筊」）儀式，如得神祇三次「聖筊」應允，即可將求取的平安龜，插上「香」後攜帶回家。若是寺廟中數量較少或較特殊的平安龜（譬如「金龜」、「大神龜」），想祈求的人也較多時，則依擲筊得聖筊次數最多者乞得。當平安龜未被信眾乞得時，平安龜是向著寺廟主祀神祇，當平安龜被乞走時，平安龜必須轉向寺廟門口外方，表示要跟乞得的信眾回家

「乞龜」儀式，心誠則靈。乞求神祇應允「平安龜」的基本原則，就是要有「自知之明」，凡事「量力而為」，絕不能心存僥倖與貪心，自己須衡量自身的條件與能力，再來決定求取「平安龜」的大小。神祇面前虔誠、恭敬、誠信、無妄言。今年乞求「小龜」者，明年「養成中龜」加重量還龜；今年乞求「中龜」者，明年「養成大龜」加重量還龜；今年乞求「大龜」者，明年也是要「養成超大龜」加重量還龜。因今年乞龜，來年都得還願增加重量還龜，以供別的信眾接續乞求，因此，「平安龜」就會一年比一年增加重量，變成「神龜」與「大神龜」，「龜子龜孫」瓜瓞綿延，象徵子子孫孫代代相傳。臺灣有些地方宮廟的「大神龜」，已經累積高達一千斤以上，澎湖地區更有重量高達一萬五千斤的「超級大神龜」。〔註79〕

舉辦「乞龜」活動，每間宮廟「準備」的「平安龜」數量與種類都不相同〔註80〕，若是「平安龜」數量夠多，信眾只要擲一個聖筊（或三個聖筊），

〔註79〕乞得「大神龜」的人，代表神祇青睞，福報足夠，通常會將「大神龜」分享親朋好友與街坊鄰居，甚至庄內人家戶戶都能得到分享。
〔註80〕信眾去年乞龜，今年還龜，還龜的數量與種類，通常廟方無法預測與規範。

就可以講選中的「平安龜」帶回家與家人分食。但有的宮廟只有大龜而沒有小龜，那就是以擲筊得最多聖筊的人乞得。

參加乞龜習俗的人，幾乎沒有人不還願的，此道裡猶如向神祇求「錢母」或借「發財金」，二者代表的意思是一樣的。即使真的來年未還，或是暫時還不了，但總有一日還是要「歸還」（「還龜」），絕不能對神祇「欠債不還」。如果乞到平安龜，經過了三年還不還，通常廟方會將乞龜者的姓名，寫在紅紙貼於廟壁上，這就是俗稱「龜上壁」（「龜會爬上壁」，一般認為這是件滿不好意思的事）。

針對乞求回家的「平安龜」，過去有種說法，必須於家中神桌上，至少供奉三天，然後再全家共同分食「平安龜」，不過此種說法以現代飲食衛生的角度來看，並不恰當，也不適宜。雖然農曆正月期間天氣尚寒，食物保存期限可以較夏日時間長久，但為了「健康飲食」，上述「供奉三天」的說法，絕對是需要修正與調整的。

（三）「平安龜」的種類

由於社會經濟發展，百姓民生富裕，飲食文化益發多元與精致，寺廟慶典與民俗信仰使用的「平安龜」，製作使用的食材、龜型的種類、呈現的形式等，也愈來愈多樣化，除傳統的樣式外，文化創意與創新發想的「新平安龜」，更是多元變化，無奇不有。常見的傳統平安龜有：「麵龜、米龜、糯米龜、肪片龜、餅龜、麵線龜、綠豆凸龜、紅龜粿」等；新型態與新發想的平安龜有：「鳳梨酥龜、沙其馬龜、花生糖龜、麻糬龜、巧克力龜、黑糖糕龜、蛋糕龜、米糕龜、餅乾龜、果凍龜、糖果龜、水果龜、金棗龜、罐頭龜、飲料龜、綜合龜、名產龜」等；其它種類的平安龜有：「黃金龜、銀龜、金錢龜、米包龜（米包疊成）、超級大米龜（平安米）」等〔註81〕；甚至還有與龜無關的「金飾、機車、汽車、休旅車」等〔註82〕。這些琳瑯滿目，五花八門的「平安龜家族」，讓元宵節「元宵龜會」，或神祇聖誕千秋祭典的乞龜習俗祈福活動，更添光彩與在地特色。

〔註81〕　各宮廟宇舉辦「乞龜」活動，若以「黃金龜」做為宣傳號召，多少帶有「拚場」與「炫耀」的意味。不過，現代寺廟經營也需要「經濟行銷」、「信仰行銷」與「文化行銷」，運用「新聞性」與「話題性」，進行多元傳媒的廣告宣傳行銷，也是無可厚非的事。

〔註82〕　「乞龜」活動加碼演變成「乞車」活動，姑且將「汽車」與「龜」進行連結，稱之為「金龜車」。

　　無論「平安龜」多大多小，使用何種食材、種類與呈現形式，這些都只是「乞龜」文化與習俗的象徵。「乞龜」文化的真正內涵，在於「乞求平安」與「誠信分享」，具有鄉土風俗與歷史人文的價值與意義。轉化創新的「乞龜」習俗，讓在地文化重新定位，形成在地的新獨特文化，對地方歷史、信仰風俗、人文情懷，都有正面的影響作用。「平安龜」、「壽龜」或「神龜」，永遠是神衹庇佑信眾，滿足百姓祈福祛厄的最佳媒介。

　　新店溪流域移墾聚落信仰圈，諸多寺廟的各式慶典活動，主要包括主祀神衹的聖誕千秋祭典、出巡繞境靖鄉與其他具地方特色的信仰活動。聖誕祭典最吸引信眾與社會目光的活動，應該就是「神豬祭典」，此外，一般常見的「三獻祭禮」，則是由廟方依祭典程序行禮如儀。屈尺、雙溪口與廣興清水祖師聖誕千秋祭典、保儀雙忠聖誕千秋祭典與新店安坑地區開漳聖王聖誕千秋祭典，是新店溪流域最主要的信仰圈祭典活動。屈尺、雙溪口與廣興清水祖師與保儀雙忠信仰圈繞境靖鄉、新店大坪林五庄、景美、木柵、深坑、石碇、三峽、樹林與柑園地區的「迎尫公」、新店龜山福德正神與保儀雙忠信仰圈繞境靖鄉與安坑內、外五庄天上聖母與開漳聖王信仰圈繞境靖鄉，則是每年地方最熱鬧的盛事。相對於熱鬧動態的繞境靖鄉活動，較屬於靜態的「祈安植福禮斗法會」與「乞龜習俗」，則更充滿在地信仰文化與宗教功能，是每一位新店溪流域移墾聚落信仰圈的信眾，無法抹滅的成長記憶。

第六章 結 論

　　本論文設定「新店溪流域」爲主要研究範圍，再以「信仰圈」當作研究主題，希望能在「移墾聚落型態與空間配置」(移墾聚落原型、農村式發展型)，以及「信仰圈之形成與發展」兩方面深入探究，落實建構在地主體，推動土地認同，發展地方特色，進行鄉土關懷。

　　本論文研究內容包含「環境與歷史特質」、「移墾聚落型態與空間配置」、「信仰圈之形成與發展」以及「慶典活動與信仰文化」等面向，透過臺北新店溪流域開發史與移民關係、移墾聚落的演變與住民成分分析、主要姓氏家族史、寺廟與宗祠調查、宗教信仰、常民文化、風俗習慣以及種族意識等標的，研究口傳故事、閩客移墾、傳統家族演進、地方文化資產、開漳聖王信仰圈、清水祖師信仰圈、雙忠崇寺信仰圈以及千秋祭典、「迎尪公」繞境靖鄉、慶典活動等項目，對新店溪流域的信仰圈形成，以及常民文化、民風習俗，進行全面的剖析。此外，也針對新店溪流域各大移墾聚落發展、主要代表寺廟、信仰圈的歷史源流及形成模式、信仰文化的功能及運用形式、對文化教育的影響等項目，進行分析研究。

　　本論文研究過程的著重點，有一部分研究內容是以實地田野調查爲主，再輔以地方耆老訪談〔註1〕與文獻資料探究分析。在論文中呈現活動記錄、史料抄錄、實地攝影與文獻蒐集的各項資料〔註2〕，並將所蒐集的研究資料一一

〔註1〕 本論文研究在田野調查時，同時進行地方耆老與仕紳的訪談，做成記錄，當
　　　　做「文獻探討法」與「歷史研究法」的印證和延伸的基礎。
〔註2〕 研究者透過實地田野調查，一一對照確認地方文獻資料，是否經時空因素而
　　　　有所改變，並嘗試發掘前人未曾發現的研究內容或方向，建立新店溪流域移

分析探討，整理成表格形式，以便於參閱。

首先，在「信仰圈研究」與「在地主體結構問題」的部分，已完成深入的分析探討，針對早期閩、客移民在北臺灣新店溪流域的整體分布，做了全面性的考查與釐清，也一併詳盡陳述發現內容與研究結果。

其次，針對新店溪流域傳統信仰，主要是以「移墾聚落」和「信仰圈」這兩個概念，來闡明北臺灣新店溪流域的「族群型態」與「信仰特色」。新店溪流域的「地理環境特質」、「開發歷史溯源」與「歷史傳說」，是本文研究的範圍；「移墾聚落型態」與「移墾聚落空間分布與配置」，是本文的研究對象，本文探究族群與寺廟的地理分布，主要是為第四章、第五章作一鋪墊。

最後，論述新店溪流域「寺廟分布與變遷」與「三大神祇信仰圈分布」的交互影響，再延伸至三大神祇信仰圈內的「聖誕千秋祭典」、「出巡繞境靖鄉」、「祈安植福禮斗法會」、「『乞龜』文化與習俗」等新店溪流域信仰圈的慶典活動，探究其教育意涵。

第一節　研究回顧與省思

回顧論文研究過程，也省思與前瞻未來，研究者探究新店溪流域移墾聚落信仰圈的諸多問題，包括先民拓墾情形、原漢衝突、地方宗族變遷、寺廟文化、祭祀圈、信仰傳說與文化教育等，最主要的研究成果與心得，統整歸納臚列於下：

一、新店溪流域移墾聚落「集居式」分布與族群融合

針對新店溪流域域族群分布的因素與特點，研究者推測與泉州、漳州、客家族群寺廟及信仰有關，研究過程發現，跨族群信仰的福德正神，是一個非常關鍵的角色。族群分布的因素與特點，不但與新店溪流域環境因素與歷史特質相關，更重要的還有兩點，一是族群分布的因素與特點，與「移墾聚落型態與空間配置」息息相關，二者互為因果；二是客家族群的信仰形態，因為即使已經演變成「福佬客」，宗教信仰與生活習俗依然不變。

基於上述原因，新北市政府客家事務局的《新北市客家民俗信仰館》在〈客家原鄉移祀的神祇信仰〉中，將新店安坑內外五庄絕大多數的土地公廟

墾聚落信仰圈最新的全面性資料。

都歸類為客家族群的「伯公廟」〔註3〕，連碧潭太平宮、雙城潤濟宮與三城日興宮，也都是客家族群與漳州族群共同的信仰圈。因此，本研究證明新店安坑地區，不僅內五庄地區是「福佬客」族群分布的區域，外五庄也是同樣的情形，只不過內五庄地區的「福佬客」族群人數，相較外五庄為多。「福佬客」族群在新店溪流域移墾聚落歷史背景上的詮釋，可歸屬於「新客家族群」的在地認同，但是傳統的客家意識，已受到人口比例顯著的影響。

二、新店溪流域移墾聚落族群衝突結束與分布確立

本論文研究透過田野調查與歷史文獻的整理，瞭解各族群之間複雜的問題，研究結果得知新店溪流域在清朝統治的拓墾時期，常成為土地資源開發，以及多元族群衝突問題上的「衝突點」，這也就是屬於廣大新店溪流域，開發歷史的獨特元素。探究影響拓墾先民遷移的主要因素，以及歷經衝突或折衝之後，再次遷移的現象分析，也可明白拓墾先民在新店溪流域的開墾狀況。

從研究資料得知平埔族凱達格蘭族群與泰雅族原住民，在原漢衝突歷史中，幾乎已經退離移墾聚落信仰圈的區域；後來加入的外省族群、外地遷入的零星族群與新住民族群，基本上未有改變新店溪流域移墾聚落，主要族群的組成與分布，也未有大幅影響三大神祇信仰圈的分布範圍。本論文研究範圍內的移墾聚落，目前的狀況都是多元族群共居，只是族群比例有所差距，這也是傳統族群社會朝向多元族群社會發展的例證之一。

三、新店溪流域信仰圈的「開放性」特質

跨區域的大範圍信仰圈，是結合跨區域性的族群或個人，但並不包含區域內的所有人民。本論文研究證實，涵蓋北臺灣淡水河流域多數區域的清水祖師信仰圈、保儀雙忠信仰圈、開漳聖王信仰圈與福德正神信仰圈，這些都是屬於開放性的大型信仰圈。新店溪流域的移墾聚落信仰圈，集結了早期的泉州、漳州與客家這三個主要族群，這是臺灣地域性族群與民間宗教組織，成功發展的案例。

〔註3〕 新北市政府客家事務局：〈客家原鄉移祀的神祇信仰〉，《新北市客家民俗信仰館》（二〇一七年二月），網址：http://www.hakka-beliefs.ntpc.gov.tw/files/11-1001-404.php

四、新店溪流域信仰圈持續成長的組織動員力

由新店溪流域移墾聚落信仰圈文化研究，印證臺灣基層移墾聚落中，血緣族群與信仰圈的龐大組織力〔註4〕。從早期為了生存的防衛自守，到今日的跨聚落與跨信仰圈的宗教信仰活動，對地方與社會的影響，往往在寺廟慶典或信仰活動中，總有政治人物參與其中。「田頭田尾土地公」、「有庄頭就有大廟」，相對於信仰圈跨區域的大概念，祭祀圈的範圍與規模都較小，局限於移墾聚落寺廟的祭祀事宜，不過卻是最具基層土氣與草根性的地方性組織型態，具有基層的組織力與動員力。

五、新店溪流域移墾聚落信仰圈文化資料增補與多元應用

新店溪流域豐富的歷史人文、信仰文化，是傳統社會發展的基礎，也是本論文研究的重點。運用新店溪流域移墾聚落型態與空間配置，族群發展溯源與信仰內涵，以及信仰圈的分布和慶典活動探討結果，多元實際應用於歷史教育、社會教育、文化教育、人格教育與文化創新等方面，則是本論文研究的最終目的。

本論文可運用於鄉土教育活動，並彌補了《臺灣府志》、《臺灣省通志》、《臺灣全志》、《臺北市志》、《臺北縣年鑑》、《續修臺北縣志》、《臺北縣鄉土史料》、《新北市文史百科全書》、《文山、海山郡彙編》、《新店市志》、《新店市誌》、《三峽鎮誌》、《三峽庄誌》與《烏來鄉志》等相關文獻部分的不足。期望本研究能引發大家對傳統寺廟與信仰文化的重視，對在地文化也能有更深一層的研究，讓大家認同在地特色、傳統民俗與文化教育，也能幫助學校教師辦理地方文史研習課程，教育學子，培養愛鄉愛土的情懷。

六、新店溪流域與大漢溪流域同源相承的慶典與信仰

本論文運用田野調查記錄與文獻資料，研究新店溪流域移墾聚落信仰圈的慶典活動，釐清信仰發展的背景，包括歷史源流與祭祀的科儀。分析歸納清水祖師、保儀雙忠與開漳聖王信仰，在各歷史階段與聚落住民的聯結過程，探究演變過程「變與不變」的在地化現象。

祭拜儀式與慶典活動隆重繁瑣，可說是千百年文化的演化結晶，包含宇宙自然觀念、社會倫理規範、宗法習俗制度等。由於新店溪流域與大漢溪流

〔註4〕臺灣移墾聚落組織中，潛藏在社會內部，一股龐大的組織動員力量。

域「僅一山之隔」，兩區域的族群文史與傳統信仰，發展脈絡是息息相關的，這一部分額外的研究收穫，是論文研究計畫未預設的。「跨越山脈、渡過河川」因篇幅限制無法更深入探討的部分，即是未來接續研究的方向。

第二節　研究建議與展望

　　本論文的主要研究成果，以原則性列舉六項於前節「研究回顧與省思」，內容包括補充新店溪流域相關文化教育的資料，對鄉土教學與學校教育有所助益，也讓讀者和住民對地方文化的文史脈絡，有更清楚的認識；以本論文研究的相關資料，彌補地方相關文獻裡的缺漏；保存珍貴的文化遺產，與發展在地傳統文化；塑造出新店溪流域的獨特性，凸顯其在地主體結構；從新店溪流域移墾聚落信仰圈文化研究出發，對地方文史、產業發展與教育工作做出貢獻。

　　臺灣各地方的移墾聚落，常有「角頭」或「小角頭」的情形〔註5〕，新店溪流域移墾聚落的組織形態也不例外，這是「水能載舟，亦能覆舟」的問題。祭祀圈與信仰圈的組織形態，由各「寺廟董監事」、「寺廟管理委員會」、「社區發展協會」的組成與運作情形，即可窺知一二。各族群的宗教信仰，最初是單純的精神寄託，以及原鄉血緣凝聚與團結需求，但隨著信仰圈擴大，組織規模擴增，對社會、經濟與國家的影響力大增，政治層面的考量與糾葛就進來了，宗教信仰與社會的關係就開始複雜化。在臺灣各種宗教信仰與慶典活動上，常可見政治人物參與其中，或是出席亮相，就可得知宗教信仰的影響力，信仰與政治，成為一種「魚幫水」與「水幫魚」的互動生態現象。

　　本論文的研究範圍，如題旨定位在「新店溪流域移墾聚落信仰圈文化研究」，未在「地方組織與宗教信仰的關係」、「族群宗教信仰與政治層面的關係」，以及「宗教信仰與國家體制的問題」上，進行比較深入的分析探討，但由族群信仰與祭祀圈、信仰圈概念的探討，也已經接觸到這些議題點，尤其是「臺灣民間信仰」的社會本質，以及「臺灣民間社會」的自主性發展，對整體社會以及國家發展方向，也有一些影響力。此上三點研究面向，因論文

〔註5〕臺灣早期移墾聚落的「角頭」，意指當地具有仲裁影響力的人物，是維持地方
　　　　安定與秩序的重要角色，今日所稱的「角頭」，則已轉為「幫派」和「地方流
　　　　氓」的負面意思。

篇幅限制，無法詳盡探討，是本論文暫時保留的部分，待後續延伸研究時，再做更詳實的補缺填正。期待未來能有專家先進，也能接續研究民間祭祀圈與信仰圈的社會面問題，也能探究地方組織面、政治面與國家體制面的議題，這是值得進一步深入探究的領域。

　　期盼本論文的研究成果，能如「拋磚引玉」，引領出新領域的研究議題，也希望各界專家先進不吝指正，讓研究者的步伐，能更穩健踏實的繼續前進。

參考文獻

凡　例

一、參考文獻依專著、學位論文、期刊論文、地方文獻、網站資料庫排序。

二、中文文獻與日文文獻按研究者姓氏筆畫，由少至多依序排列；英文文獻
　　以姓氏第一字母由 A 至 Z 依序排列；其餘依出版年月、書名、出版社排
　　序。

三、文獻排列以中文文獻在前，日文與英文在後，研究者亦同，依中、日、
　　英次序。

四、網站資料庫搜尋日期以最後檢索日期記載。

壹、專　著

一、民俗宗教類

1. 了然居士：《細說清水祖師》（高雄：高雄市前金萬興宮，二〇一四年六
月）。

2. 王見川、李世偉：《臺灣的民間宗教與信仰》（臺北：博揚文化事業有限
公司，二〇〇〇年十一月）。

3. 王秋桂、李豐楙主編：《中國民間信仰資料彙編》（臺北：學生書局，一
九八九年八月）。

4. 王健旺：《護鄉佑民萬載香火：臺灣土地神信仰及其造像藝術》（桃園：
桃園縣立文化中心，一九九八年六月）。

5. 王健旺：《臺灣的土地公》（臺北：遠足文化事業有限公司，二〇〇三年三
月）。

6. 王慶文、王瓊婷、余文欽：《我的乩童爸爸之神人奇緣》（臺北：臺北護
國延平宮，二〇〇八年十月）。

7. 仇德哉：《臺灣之寺廟與神明（四）》（臺中：臺灣省文獻委員會，一九八

三年六月）。

8. 石二月：《拜拜──有拜有靈，會拜更靈》（臺北：晴易文坊媒體行銷有限公司，二〇〇七年一月）。

9. 呂明穎：《寫給青少年的──臺灣祭典風俗》（臺北：常民文化事業股份有限公司，二〇〇一年十二月）。

10. 呂理政：《傳統信仰與現代社會》（臺北：稻鄉出版社，一九九二年二月）。

11. 阮昌銳：《臺灣的都市化民間宗教信仰》（臺北，臺灣省立博物館，一九八二年九月）。

12. 李文環、林怡君：《圖解臺灣民俗》（臺中：好讀出版有限公司，二〇一二年九月）。

13. 李秀娥：《臺灣民俗節慶》（臺中：晨星出版有限公司，二〇〇四年十月）。

14. 李乾朗：《臺灣的寺廟》（臺中：臺灣省政府新聞處，一九八六年六月）。

15. 李豐楙、賴政育、葉亭好：《鬼府神宮：基隆市陰廟調查》（基隆：基隆市立文化中心，二〇〇〇年十二月）。

16. 吳學明、林柔辰：《臺灣客家聚落之信仰調查：變與不變──義民爺信仰之擴張與演變》（南投：國史館臺灣文獻館，二〇一三年十月）。

17. 林明德：《區聯文化：桃園縣大溪鎮蓮座山觀音寺、齋明寺區聯文化調查研究》（桃園：桃園縣文化中心，一九九九年六月）。

18. 林美容：《臺灣人的社會與信仰》（臺北：自立晚報文化出版部，一九九三年十二月）。

19. 林美容：《祭祀圈與地方社會》（臺北：博揚文化事業有限公司，二〇〇八年十一月）。

20. 林茂賢：《臺灣民俗記事》（臺北：萬卷樓圖書有限公司，一九九九年十一月）。

21. 林進源：《中國神明百科寶典》（臺北：進源書局，二〇〇五年七月）。

22. 林國平：《閩臺民間信仰源流》（臺北：幼獅文化事業公司，一九九六年十二月）。

23. 林衡道口述、楊鴻博整理：《鯤島探源──臺灣各鄉鎮區的歷史與民俗《壹》》（臺北：稻田出版有限公司，一九九六年五月）十二。

24. 周宗賢：《臺灣的民間組織》（臺北：幼獅文化事業公司，一九八三年十二月）。

25. 洪進鋒：《臺灣民俗之旅》（臺北：武陵出版有限公司，一九九三年四月）。

26. 姜義鎮：《臺灣的鄉土神明》（臺北：臺原出版社，一九九八年九月）。

27. 財團法人行天宮文教基金會編著：《神聖空間的建構【行天宮臺北本宮楹聯碑畫賞析】》（臺北：財團法人行天宮文教基金會，二〇〇〇年七月）。

28. 陳政之：《民俗思想起：消失中的常民文化》（南投：臺灣省政府，二〇〇〇年十二月）。

29. 施翠峰：《臺北寺廟神祇源流》（臺北：臺北市政府民政局，一九八五年六月）。

30. 陳其南：《臺灣的傳統中國社會》（臺北：允晨出版社，一九八七年五月）。

31. 莊伯和：《中國的民俗》（臺北：臺灣省政府教育廳，一九九一年六月）。

32. 張文奇等編輯：《屈尺岐山巖清水祖師廟誌》（臺北：屈尺岐山巖清水祖師廟管理委員會，二〇〇六年八月）。

33. 張益銘：《金銀紙的秘密》（臺中：晨星出版有限公司，二〇〇六年五月）。

34. 張家麟：《多元‧詮釋與解釋：多采多姿的臺灣民間宗教》（臺北：蘭臺出版社，二〇一六年一月）。

35. 黃文博：《臺灣風土傳奇》（臺北：臺原出版社，一九八九年六月）。

36. 黃文博：《臺灣信仰傳奇》（臺北：臺原出版社，一九八九年八月）。

37. 黃文博：《臺灣民俗趣譚》（臺北：臺原出版社，一九九三年一月）。

38. 黃文博：《閒話人鬼神：臺灣民俗閒話》（臺北：臺原出版社，一九八四年十二月）。

39. 黃文博：《臺灣民間信仰與儀式》（臺北：常民文化事業股份有限公司，一九八七年十一月）。

40. 黃文博：《臺灣民俗田野現場實務》（臺北：常民文化事業股份有限公司，一九九九年三月）。

41. 辜神徹：《臺灣清水祖師信仰——落鼻祖師的歷史與文化》（臺北：博揚文化事業有限公司，二〇〇九年十一月）。

42. 楊偵琴：《金銀紙的民俗故事與信仰》（臺北：臺灣書房出版有限公司，二〇〇七年十一月）。

43. 楊蓮福：《臺灣神明信仰與民間文學：兼論臺北地區地理風水傳說及閩南語系同安腔》（臺北：博揚文化事業有限公司，二〇一二年十月）。

44. 董芳苑：《探討臺灣民間信仰》（臺北：常民文化事業股份有限公司，一九九七年四月）。

45. 齊治平：《節令的故事》（臺北：幼獅文化事業公司，一九九六年七月）。

46. 劉枝萬：《臺灣民間信仰論集》（臺北：中央研究院民族所，一九七四年六月）。

47. 劉還月：《臺灣民俗誌》（臺北：洛城出版社，一九八六年一月）。

48. 劉還月：《臺灣民俗田野行動入門》（臺北：常民文化事業股份有限公司，一九九九年三月）。

49. 劉還月：《臺灣民間信仰》（臺北：行政院新聞局，二〇〇一年一月）。

50. 劉還月：《臺灣人的祀神與祭禮》（臺北：常民文化事業股份有限公司，二〇〇一年十月）。

51. 臺北市民政局編：《臺北市寺廟概覽》（臺北：臺北市民政局，一九九四年六月）。

52. 蔡相輝：《臺灣的祠祀與宗教》（臺北：臺原出版社，一九九三年八月）。

53. 趙莒玲：《臺北城的故事》（臺北：臺北市政府新聞處，一九九三年六月）。

54. 鄭志明：《臺灣民間宗教論集》（臺北：臺灣學生書局，一九九三年一月）。

55. 鄭志明：《傳統宗教的文化詮釋：天地人鬼神五位一體》（臺北：文津出版社，二〇〇九年六月）。

56. 謝宗榮：《臺灣傳統宗教文化》（臺中：晨星出版有限公司，二〇〇三年五月）。

57. 謝宗榮：《土城祀義塚・擺接慶中元：土城大墓公沿革與二〇一二年中元祭典－新北市口述歷史【民俗類】》（新北：新北市政府文化局，二〇一三年十二月）。

58. 藍吉富、劉增貴：《宗教禮俗篇：敬天與親人——中國文化新論》（臺北：聯經出版事業公司，一九八二年九月）。

59. 韓秉方：《道教與民俗》（臺北：文津出版社，一九九七年五月）。

60. 增田福太郎著、黃有興譯：《臺灣宗教論集》（南投：臺灣省文獻委員會，二〇〇二年一月）。

61. Mircea Eliade 著、楊素娥譯：《聖與俗——宗教的本質》（臺北：桂冠出版社，二〇〇二年六月）。

62. Sangren, P. Steven 著、丁仁傑譯：《漢人的社會邏輯：對於社會再生產過程中「異化」角色的人類學解釋》（臺北：中央研究院，二〇〇二年一月）。

日文文獻

1. 臺灣總督府編：《台北廳社寺廟宇二關スル調查》（臺北：國家圖書館臺灣分館原稿本，一九一五年一月）。

2. 增田福太郎：《台灣本島人の宗教》（東京：明治聖德紀念會，一九三五年一月）。

3. 增田福太郎：《台灣の宗教》（東京：養賢堂發行，一九三九年十二月）。

4. 濱島敦俊：《總管信仰：近世江南農村社會と民間信仰》（東京：研文出版，一九三九年一月）。

英文文獻

1. Faure, David（2007）, Emperor and Ancestor: State and Lineage in South China, Standford: Stanford University Press.

2. Paul Katz（1999）, Images of the Immortal—The cult of Lu Dongbin at the

Palace of Eternal Joy, Hawaii: Hawaii University Press.

3. Sangren, P. Steven（1987）, History and Magical Power in a Chinese Community, Standford: Stanford University Press.

二、地方歷史類

1. 中華民國國家公園協會編:《大屯山、七星山系聚落史調查研究》（臺北：內政部營建署陽明山國家公園管理處，二〇〇二年十二月）

2. 李順仁:《新店生態文史一百點》（臺北：拳山堡文字工作室，二〇〇二年十二月）

3. 李順仁:《渡過新店溪》（臺北：拳山堡文字工作室，二〇〇三年七月）

4. 李順仁:《碑情城市：新店地區石碑的歷史意義》（臺北：拳山堡文史工作室，二〇〇四年六月）

5. 李筱峰:《快讀臺灣史》（臺北：玉山社，二〇〇三年一月）

6. 何培夫:《臺灣古蹟與文物》（臺中：臺灣省政府新聞處，一九九七年六月）

7. 林滿紅:《晚清臺灣的茶、糖、樟腦業》:（臺北：臺灣銀行經濟研究室，一九七八年七月）

8. 林滿紅:《茶、糖、樟腦業與臺灣之社會經濟變遷（1860—1895）》:（臺北：聯經出版事業公司，一九九七年五月）

9. 林衡道:《臺灣史》（臺北：眾文圖書股份有限公司，二〇〇四年，十二月）

10. 洪敏麟:《臺灣地名沿革》（臺中：臺灣省政府新聞處，一九八五年十二月）

11. 施添福:《清代在臺漢人的祖籍分布和原鄉生活方式》地理研究叢書第十五號（臺北：國立臺灣師範大學地理學系，一九八七年五月）

12. 郭肇立編:《聚落與社會》（臺北：田園城市文化出版社，一九九八年六月）

13. 夏聖禮總編輯:《故事新店：新店文史生態區域課程》（新北：新北市政府，二〇一二年十一月）

14. 高賢治:《大臺北古契字集》（臺北：臺北市文獻委員會，二〇〇〇年七月）

15. 高賢治:《大臺北古契字二集》（臺北：臺北市文獻委員會，二〇〇二年七月）

16. 陳紹馨、傅瑞德:《臺灣人口之姓氏分布》（臺北：臺大社會系，一九六八年六月）

17. 陳紹馨:《臺灣人口變遷與社會變遷》（臺北：聯經出版社，一九七九年六月）

18. 陳漢順等撰稿:《龜山人文風情話》（臺北：臺北縣新店市龜山國民小學，

二○○五年十二月）

19. 張文斌、蔡明芳總編輯：《「瑞芳山海河交響曲」文史生態區域課程》（新北：新北市政府，二○一五年十二月）

20. 張瑞松總編輯：《「萬濤‧石嵐」慢遊情：萬里石門區域生態文史課程》（新北：新北市政府，二○一六年十二月）

21. 莊萬壽總編審：《北臺灣人文之旅》（臺北：臺北縣政府，一九九八年五月）

22. 葉肅科：《日落臺北城：日治時代臺北都市發展與臺人日常生活（1895～1945）》（臺北：自立晚報社文化出版部，一九九三年九月）

23. 溫振華：《臺灣早期開發——總論》（臺北：臺灣省政府教育廳，一九九二年六月）

24. 溫振華、戴寶村：《淡水河流域變遷史》（臺北：臺北縣立文化中心，一九九九年一月）

25. 趙俊祥編著：《平潭春秋——河左岸碧潭風情》（臺北：臺北縣新店市平潭社區發展協會，二○○六年十二月）

26. 鍾明盛總編輯：《盤石如碇：石碇淡蘭區域課程》（新北：新北市政府，二○一六年一月）

27. 臺北縣新店市北新國小編：《新店一把罩》（臺北：臺北縣政府，二○○四年十月）

28. 劉還月：《淡水河系人文地景完全閱讀》（臺北：常民文化事業股份有限公司，二○○一年九月）

29. 劉還月：《臺灣土地傳》（臺北：常民文化事業股份有限公司，二○○一年九月）

30. 戴炎輝：《清代臺灣之鄉治》（臺北：聯經出版社，一九七九年六月）

31. 戴寶村：《臺灣的海洋歷史文化》（臺北：玉山社，二○一一年一月）

32. 安倍明義：《臺灣地名研究》（臺北：武陵出版社，二○○三年八月）

33. John R. Shepherd 著、林偉盛、張隆志、林文凱、蔡耀緯等譯：《臺灣邊疆的治理與政治經濟（1600～1800）》（臺北：國立臺灣大學出版中心，二○一六年五月）

貳、學位論文

一、博士論文

1. 王志文：《臺閩同源宗族空間組織差異研究——以臺北淡水河岸與廈門環西北海域地區為例》（臺北：中國文化大學地學研究所博士論文，二○○四年七月）

2. 王怡茹：《淡水地方社會之信仰重構與發展——以清水祖師信仰爲論述中心（一九四五年以前）》（臺北：國立臺灣師範大學地理研究所博士論文，二〇一一年六月）

3. 池永歆：《空間、地方與鄉土：大茅埔地方的構成及其聚落的空間性》（臺北：國立臺灣師範大學地理研究所博士論文，一九九九年六月）

4. 李文獻：《臺灣閩客傳統婚禮之研究》（臺北：中國文化大學中國文學研究所博士論文，二〇〇三年七月）

5. 李琦華：《臺灣聚落的拓樸空間文化研究》（臺北：國立臺灣大學建築與城鄉研究所博士論文，二〇〇九年六月）

6. 吳煬和：《文教、信仰與文化建構——臺灣六堆敬字風俗研究》（花蓮：國立東華大學民間文學研究所博士論文，二〇一〇年六月）

7. 吳安清：《臺灣閩客土地神傳說及信仰研究》（新竹：玄奘大學中國語文學系博士論文，二〇一二年六月）

8. 吳正龍：《清代臺灣的民變械鬥與分類意識的演變——以林爽文事件爲中心所作的探討》（臺北：中國文化大學史學研究所博士論文，二〇一四年六月）

9. 金相範：《唐代禮制對於民間信仰觀形成的制約與作用——以祠廟信仰爲考察的中心》（臺北：國立臺灣師範大學歷史研究所博士論文，二〇〇〇年六月）

10. 范純武：《雙忠祭祀與中國民間信仰》（臺北：國立臺灣師範大學歷史研究所博士論文，一九九三年六月）

11. 袁興言：《由移民聚落到跨海宗族社會：一九四九年以前的金門珠山僑鄉》（臺北：國立臺灣大學建築與城鄉研究所博士論文，二〇一〇年六月）

12. 張正田：《從族群關係看清代臺灣桃竹苗地區義民信仰區域差異——以清代苗栗堡爲觀察中心》（臺北：國立政治大學歷史研究所博士論文，二〇〇九年六月）

13. 黃素真：《土地、國家與邊陲社會——林屺埔大坪頂的地方性詮釋》（臺北：國立臺灣師範大學地理研究所博士論文，二〇〇八年六月）

14. 詹瑋：《臺北文山地區百餘年來的發展與變遷（1761～1945）》（臺北：國立政治大學歷史研究所博士論文，二〇〇二年六月）

15. 溫振華：《二十世紀初之臺北都市化》（臺北：國立臺灣師範大學歷史研究所博士論文，一九八六年六月）

16. 謝宗恒：《以文化景觀觀點探討地方特徵與意義》（臺中：國立臺灣中興大學園藝學研究所博士論文，二〇一一年六月）

17. 繆遠：《以「境」爲視角之福建寧德傳統漢人聚落型態之研究》（臺北：國立雲林科技大學設計學研究所所博士論文，二〇一四年六月）

18. 簡瑛欣:《祖廟——臺灣民間信仰的體系》(臺北:國立政治大學民族學研究所博士論文,二〇一四年六月)

19. 羅烈師:《從族群關係看清代臺灣桃竹苗地區義民信仰區域差異——以清代苗栗堡爲觀察中心》(臺北:國立清華大學人類學研究所博士論文,二〇〇五年六月)

20. 蘇何誠:《臺灣漢人宗教神話與儀式之哲學省察——以《易》、《老》、《莊》之「天」、「地」、「人」、「鬼」、「神」》(臺北:中國文化大學哲學研究所博士論文,二〇一一年六月)

二、碩士論文

1. 田金昌:《臺灣三官大帝信仰——以桃園地區爲中心(1683～1945)》(桃園:國立中央大學歷史研究所碩士在職專班碩士論文,二〇〇五年六月)

2. 李永中:《金門宗廟與居民社會生活之研究》(臺北:銘傳大學應用中國文學系碩士在職專班碩士論文,二〇〇五年一月)

3. 李宜瑾:《居民生活圈與城鄉關係變遷之研究——以三峽鎮爲例》(臺中:逢甲大學建築及都市計畫研究所碩士論文,二〇〇二年二月)

4. 邱曉玲:《臺灣高屏六堆客家傳統婚禮之研究》(臺北:銘傳大學應用中國文學系碩士班碩士論文,二〇〇三年六月)

5. 林炯任:《三峽藍染業的發展與蛻變》(臺北:國立臺北大學民俗藝術研究所碩士論文,二〇〇八年一月)

6. 林偉盛:《清代臺灣分類械鬥之研究》(臺北:國立政治大學歷史研究所碩士論文,一九八八年六月)

7. 林滿紅:《茶、糖、樟腦業晚清臺灣經濟社會之變遷1860～1895》(臺北:國立臺灣大學歷史學研究所一般史組碩士論文,一九七六年六月)

8. 林渭州:《臺灣地區清水祖師信仰研究——以臺北、臺南地區爲中心》(臺南:國立成功大學歷史語言研究所碩士論文,一九九三年六月)

9. 吳中杰:《臺灣福佬客分佈及其語言研究》(臺北:國立臺灣師範大學華語文教學研究所碩士論文,一九九八年十月)

10. 陳正明:《清季福建安溪大坪高、張、林三姓族人移墾臺北之研究》(臺北:中國文化大學歷史研究所碩士論文,一九九五年六月)

11. 陳亦榮:《清代漢人在臺灣地區遷徙之研究》(臺北:中國文化大學歷史研究所碩士論文,一九八六年六月)

12. 陳其南:《清代臺灣漢人社會的建立及其結構》(臺北:國立臺灣大學考古人類研究所碩士論文,一九七五年六月)

13. 陳秀琪:《臺灣漳州客家話的研究——以詔安話爲代表》(新竹:國立新竹師範學院臺灣語言與語文教育研究所碩士論文,二〇〇二年六月)

14. 陳秀惠:《臺灣傳統寺廟匾聯研究——以桃園地區開漳聖王信仰爲例》(新竹:國立新竹師範學院臺灣語言與語文教育研究所碩士論文,二〇〇四年一月)

15. 陳俞君:《臺灣的三山國王信仰與傳說探討》(臺北:國立臺北大學民俗藝術研究所碩士論文,二〇〇五年二月)

16. 高麗珍:《臺灣民俗宗教之空間活動——以玄天上帝祭祀活動爲例》(臺北:國立臺灣師範大學地理研究所碩士論文,一九八八年六月)

17. 許泰悠:《臺灣的「閩客」關係——歷史、政治與人口區位之探討》(臺北:東吳大學政治研究所碩士論文,一九九七年六月)

18. 莊芳榮:《臺灣地區寺廟發展之研究》(臺北:中國文化大學歷史研究所碩士論文,一九八七年六月)

19. 郭功臣:《新竹內山地區民間信仰的空間差異》(臺北:國立臺灣師範大學地理研究所碩士論文,二〇〇七年七月)

20. 張慧玉:《三峽迎尪公祭典研究》(臺北:國立臺北大學民俗藝術研究所碩士論文,二〇一一年一月)

21. 張瓊文:《土地、社會與國家:新店地區的空間性轉化》(臺北:國立臺灣師範大學地理研究所碩士論文,二〇〇一年一月)

22. 黃清漢:《新埔義民廟祭祀圈結構之研究》(臺北:中國文化大學地學研究所地理組碩士論文,一九八七年六月)

23. 黃淑枝:《郊區新社區的形成與居民生活滿意度分析——以臺北都會區的新店安坑地區爲例》(臺北:國立臺灣師範大學地理研究所碩士論文,二〇〇四年六月)

24. 黃啓宗:《新店安坑地區寺廟楹聯之研究》(臺北:臺北市立教育大學中國語文學系碩士班碩士論文,二〇〇八年一月)

25. 黃慧文:《寺廟的匾聯——以花蓮延平王廟爲核心之研究》(花蓮:國立花蓮師範學院民間文學研究所碩士論文,二〇〇二年六月)

26. 溫振華:《清代臺北盆地經濟社會的演變》(臺北:國立臺灣師範大學歷史研究所碩士論文,一九七八年六月)

27. 劉予臻:《宗教寺廟與民間文學關係之研究——以花蓮青蓮寺爲中心》(花蓮:國立花蓮師範學院民間文學研究所碩士論文,二〇〇三年一月)

28. 劉燕玉:《臺灣三山國王廟匾聯研究——以新竹縣及宜蘭冬山鄉爲例》(新竹:國立新竹教育大學臺灣語言與語文教育研究所碩士論文,二〇〇五年七月)

29. 蔡相輝:《臺灣寺廟與地方發展之關係》(臺北:中國文化大學歷史研究所碩士論文,一九七六年六月)

30. 賴閔聰:《員林的福佬客》(臺北:國立政治大學民族研究所碩士論文,

二○○四年六月）

31. 戴翊丞：《清代臺北安坑通谷的族群空間分布與互動關係》（臺北：國立
臺灣師範大學地理研究所碩士論文，二○一四年六月）

參、期刊論文

1. 木柵集應廟管理委員會：〈木柵集應廟沿革〉，《木柵集應廟農民曆（二○
一二）》（二○一一年十月），頁1～2。

2. 王世慶：〈民間信仰在不同祖籍移民的鄉村之歷史〉，《臺灣文獻》第二十
三期（一九七二年三月），頁3～38。

3. 王崧興：〈臺灣史的研究與經濟建設〉，《臺灣文獻》第二十五期（一九七
四年二月），頁107～113。

4. 王慶臺：〈臺灣古建物藝術修護的現況與沉思〉，《北縣文化》第八十八期
（二○○六年三月），頁70～75。

5. 白長川：〈為臺茶尋根——談安溪與臺灣人和華僑的血緣關係〉，《臺北文
獻》直字第六十五期（一九八三年九月），頁167～255。

6. 江寶釵：〈走過的痕跡——嘉義地區文學的採集、調查、整理與研究概
述〉，《漢學研究通訊》第十九卷第二期（二○○○年五月），頁188～195。

7. 李豐楙、謝宗榮：〈臺灣信仰習俗概說〉，《歷史文物》第九卷第二期（一
九九九年二月），頁24～32。

8. 李乾朗：〈在宗教殿堂看藝術門道〉，《新活水雙月刊》第十四期（二○○
七年九月），頁20～27。

9. 林美容：〈由祭祀圈來看草屯鎮的地方組織〉，《中央研究院民族學研究所
集刊》第六十二期（一九八七年五月），頁53～114。

10. 林美容：〈土地公廟——聚落的指標：以草屯鎮為例〉，《臺灣風物》第三
十七期（一九八七年十二月），頁53～81。

11. 林明德：〈解讀寺廟的區聯文化——以臺灣地區的城隍廟為例〉，《寺廟與
民間文化論文集》（一九九五年三月），頁319～344。

12. 林瑞珠：〈夜弄土地公〉，《臺北畫刊》第四七０期（二○○七年三月），頁
38～39。

13. 吳進安：〈中國哲學的藝術生活觀〉，《人文及社會學科教學通訊》第十一
卷第六期（二○○一年四月），頁192～215。

14. 吳進喜：〈開漳聖王信仰在臺灣的傳播〉，《二○一○年固始與閩臺淵源關
係研討會論文集》（二○一○年三月），頁83～89。

15. 邱寶玲：〈廢墟，是歷史的證明——你許華山一個什摸樣的未來？〉，《文
化視窗月刊》第六十五期（二○○四年七月），頁98～99。

16. 陳冠甫：〈媽祖信仰與廟聯文化之研究〉，《國文天地》第二十二卷第四期（二〇〇六年九月），頁 36～41。

17. 陳漢光：〈臺灣冠籍地名的探討〉，《臺灣文物論集》（一九六六年三月），頁 225～238。

18. 陳漢光：〈日據時代臺灣漢族祖籍調查〉，《臺灣文獻》第二十三期（一九七二年三月），頁 85～104。

19. 袁筱梅：〈歷史人物在國中歷史教學中的重要性〉，《人文及社會學科教學通訊》第十一卷第六期（二〇〇一年四月），頁 170～191。

20. 韋煙灶：〈兩岸閩客交界地帶族群分布所顯示的地理與語言意涵」之研究歷程〉，《人文與社會科學簡訊》第十五卷第一期（二〇一三年十二月），頁 53～59。

21. 施振民：〈祭祀圈與社會組織—彰化平原聚落發展模式的探討〉，《中央研究院民族學研究所集刊》第三十六期（一九七五年十二月），頁 191～208。

22. 許嘉明：〈彰化平原福佬客的地域組織〉，《中央研究院民族學研究所集刊》第三十六期（一九七五年十二月），頁 165～190。

23. 許嘉明：〈祭祀圈之於居臺漢人社會的獨特性〉，《中華文化復興月刊》第十一期（一九七八年六月），頁 59～68。

24. 婁子匡：〈清水祖師的來龍去脈〉，《臺灣文獻》第二十二期（一九七一年十二月），頁 49～52。

25. 張建隆：〈淡水史初探〉，《漢學通訊》第十九卷第二期（二〇〇〇年五月），頁 178～187。

26. 張豐隆：〈淺說道教與中國民間信仰〉，《歷史教育》第八期（二〇〇一年十二月），頁 141～167。

27. 梁烱輝：〈「河洛」乎？「福佬」乎？「貉獠」乎？——臺灣閩南語正名〉，《鵝湖》第二十八卷第九期（二〇〇三年三月），頁 48～53。

28. 黃啓宗：〈新店溪上游移墾聚落信仰傳說研究〉，《二〇一六年銘傳大學應中所研究生學術研討會論文集》（桃園：銘傳大學，二〇一六年九月），頁 1～36。

29. 溫振華：〈臺北高姓——一個臺灣宗教組織形成之研究〉，《臺灣風物》第三十期（一九八〇年十二月），頁 35～53。

30. 溫振華：〈光復以前景美地區的民間信仰〉，《臺灣史研究暨史料發掘研討會論文集》（一九八六年六月），頁 1～10。

31. 詹瑋：〈臺北文山地區拓墾中的族群關係〉，《國立政治大學歷史學報》第十八期（二〇〇一年五月），頁 167～201。

32. 詹瑋：〈清代臺北盆地南緣沿山地帶的開發——以萬盛庄為例〉，《東南學報》第三十七期（二〇一二年七月），頁 243～254。

33. 戴文鋒：〈臺灣民間有應公信仰考實〉，《臺灣風物》第四十六卷第四期（一九九六年九月），頁 53～102。

34. 簡瑛欣：〈神明祖廟研究的文獻回顧：臺、中、星、馬四地的比較〉，《民族學界》第三十五期（二〇一五年四月），頁 185～216。

35. 簡瑛欣：〈祖廟在臺灣：臺灣民間信仰神明祖廟的權威來源與正統性〉，《思想》第三十期（二〇一六年五月），頁 191～209。

36. 蕭景文：〈清代平溪地域的族群與拓墾〉，《臺北文獻》第一百五十三期（二〇〇五年九月），頁 39～86。

37. 岡田謙著：〈臺灣北部村落之祭祀圈〉，《民族學研究》第四期（一九三八年一月），頁 1～22。

38. 岡田謙著、陳乃蘗譯：〈臺灣北部村落之祭祀圈〉，《臺北文物》第九卷第四期（二〇〇〇年五月），頁 14～29。

39. 富田芳郎著、陳惠卿譯：〈臺灣的農村聚落型態（Y. Tomita, On the Rural Settlement Form in Taiwan）〉，《臺灣地學記事》第四卷第三期（一九三三年七月），頁 18～24。

40. 富田芳郎著、陳惠卿譯：〈臺灣聚落研究〉，《臺灣文化論叢》第一輯（一九四三年一月），頁 149～221。

肆、地方文獻

1. 王啓宗、趙祐志撰述：《續修臺北縣志・卷八，文教志・第七篇，勝蹟》（臺北：臺北縣政府，二〇〇二年十月）

2. 王國璠、方豪主修：《臺北市志稿》（臺北：臺北市文獻委員會，一九六五年七月）

3. 王國璠主修：《臺北市志》（臺北：臺北市文獻委員會，一九八〇年七月）

4. 中華綜合發展研究院應用史學研究所總編纂：《新店市志》（臺北：新店市公所，二〇〇六年二月）

5. 文崇一、蕭新煌編纂：《烏來鄉志》（臺北：臺北縣烏來鄉公所，一九九七年六月）

6. 李汝和主修：《臺灣省通志》（臺北：臺灣省文獻委員會，一九七一年五月）

7. 周元文（清）編修：《臺灣府志》（臺北：大通書局，一九八四年一月）

8. 周宗賢、李乾朗撰述：《續修臺北縣志・卷二，土地志・第七篇，勝蹟》（臺北：臺北縣政府，二〇〇五年十一月）

9. 洪惟仁、黃美金撰述：《續修臺北縣志・卷三，住民志・第二篇，語言》（臺北：臺北縣政府，二〇〇九年一月）

10. 陳正祥編纂：《臺灣地名手冊》（臺北：臺灣省文獻委員會，一九五九年五月）

11. 高志彬撰述：《續修臺北縣志・卷一，大事記》（新北：新北市政府，二〇一三年十一月）

12. 張炎憲主編：《文山、海山郡彙編（上）》（臺北：臺北縣政府，二〇〇一年十二月）

13. 張炎憲主編：《文山、海山郡彙編（下）》（臺北：臺北縣政府，二〇〇一年十二月）

14. 張炎憲主編：《基隆、淡水郡彙編》（臺北：臺北縣政府，二〇〇一年十二月）

15. 張勝彥、陳純瑩：《續修臺北縣志・卷四，政事志・第五篇，役政・第六篇，戶政・第七篇，警政》（臺北：臺北縣政府，二〇〇五年十一月）

16. 張勝彥總編纂：《續修臺北縣志》（臺北：臺北縣政府，二〇〇七年八月）

17. 許家華、劉芝芳編纂：《烏來鄉志》（臺北：臺北縣烏來鄉公所，二〇一〇年八月）

18. 盛清沂主修：《臺北縣志》（臺北：臺北縣文獻委員會，一九六〇年七月）

19. 黃驗主編：《新北市文史百科全書》（臺北：智慧藏學習科技股份有限公司，二〇〇〇年十一月）

20. 新店市誌編纂委員會：《新店市誌》（臺北：新店市公所，一九九四年二月）

21. 溫振華撰述：《續修臺北縣志・卷三，住民志・第一篇，人口》（臺北：臺北縣政府，二〇〇七年十月）

22. 劉如桐、林佛國主編：《臺北縣年鑑》（臺北：臺北縣文獻委員會，一九六七年七月）

23. 臺北市文獻委員會編印：《日據前期臺灣北部施政紀事・警治篇、政治篇》（臺北：臺北市文獻委員會，一九八五年六月）

24. 臺灣省文獻委員會編印：《臺灣總督府檔案中譯本・第一輯》（南投：臺灣省文獻委員會，一九九二年七月）

25. 臺灣省文獻委員會採集組主編：《臺北縣鄉土史料（上冊）》（南投：臺灣省文獻委員會，一九九七年七月）

26. 臺灣省文獻委員會編印：《臺灣總督府檔案中譯本・第十一輯》（南投：臺灣省文獻委員會，一九九八年六月）

27. 蔡錦堂、陳茂泰撰述：《續修臺北縣志・卷三，住民志・第三篇，宗教》（臺北：臺北縣政府，二〇〇五年十月）

28. 謝宗榮、李秀娥、陳茂泰撰述：《續修臺北縣志・卷三，住民志・第四篇，

禮俗》（臺北：臺北縣政府，二〇〇六年八月）

29. 蕭新煌、潘英海、王甫昌、邱彥貴、李廣均、王宏仁等合著：《臺灣全志‧卷三、住民志‧族群篇》（南投：國史館臺灣文獻館，二〇一一年十二月）

30. 蘇欽讓編纂：《三峽庄誌》（臺北：三峽庄設場，一九三四年二月）

伍、網站資料

1. 中央研究院人社中心地理資訊科學研究專題中心：〈寺廟資料〉，《文化資源地理資訊系統》（二〇一七年三月），搜尋日期：二〇一七年三月十一日，網址：http://www.hakka-beliefs.ntpc.gov.tw/files/11-1001-404.php

2. 中央研究院臺灣史研究所：〈臺灣的神社〉，《臺灣總督府檔案資料庫》（二〇一七年四月），搜尋日期：二〇一七年四月十六日，網址：http://sotokufu.sinica.edu.tw/

3. 中華民國內政部：〈人口資料庫〉，《內政部戶政司全球資訊網》（一九九七年一月），搜尋日期：二〇一七年三月十一日，網址：http://www.ris.gov.tw/346

4. 中華民國內政部：〈慶（祭）典查詢〉，《全國宗教資訊網》（二〇一三年十月），搜尋日期：二〇一七年一月二十九日，網址：https://religion.moi.gov.tw/Festival/Festival?ci=1

5. 中華民國內政部統計處：〈繪製統計地圖〉，《社會經濟統計地理資訊網》（二〇一二年六月），搜尋日期：二〇一七年一月二十九日，網址：https://moisagis.moi.gov.tw/moiap/gis2010/Pro/Logged/MapPro/index.cfm?WORK=CUSTOM#

6. 木柵文史工作室：〈安溪移民的尪公信仰〉，《文山鄉土教育網》（二〇一七年一月），搜尋日期：二〇一七年三月十一日，網址：http://mucha.myweb.hinet.net

7. 林文龍：〈民主公王信仰之謎〉，《臺灣文獻館電子報》第七十期（二〇一一年一月），搜尋日期：二〇一七年一月二十九日，網址：http://w3.th.gov.tw/epaper/view2.php?ID=70&AID=947

8. 張安蕎：〈中秋特色慶典——三峽上千人迎尪公〉，《自由電子報》（二〇一六年九月），搜尋日期：二〇一六年十月十六日，網址：http://news.ltn.com.tw/news/life/breakingnews/1827393

9. 新北市政府客家事務局：〈客家原鄉移祀的神祇信仰〉，《新北市客家民俗信仰館》（二〇一七年二月），搜尋日期：二〇一七年四月十二日，網址：http://www.hakka-beliefs.ntpc.gov.tw/files/11-1001-404.php

10. 國家發展委員會：〈資料集‧各村（里）戶籍人口統計月報表〉，《政府網站資料開放平臺》（二〇一五年九月），搜尋日期：二〇一六年六月一日，網址：http://data.gov.tw/node/8411?page=3

11. 新北市三峽區公所：〈觀光導覽地圖〉，《新北市三峽區公所》（二〇〇〇年十二月），搜尋日期：二〇一七年一月二十一日，網址：http://www.sanxia.ntpc.gov.tw/content/?parent_id=10047&type_id=10026

12. 臺北市文山區公所：〈文山區志〉，《臺北市文山區公所》（二〇〇〇年十二月），搜尋日期：二〇一七年一月二十一日，網址：http://wsdo.gov.taipei/np.asp?ctNode=4752&mp=124121

附錄一　論文參用圖

說　明

1、本論文「論文參用圖」資料，主要參考相關網站資料，引用整理與製作。

2、「論文參用圖」資料，依據論文內容安排編輯於論文中，並依章節內容順序呈現，其餘論文參用圖部分則排序於「附錄一論文參用圖」。

3、論文參用圖原則上依「新店溪上、中、下游」及「衛星圖、街道圖、行政圖」順序排列。

4、論文參用圖資料，經歷研究者多年陸續調查、蒐集，限於版面因素，本論文只能擇取部分資料供參於論文中。

5、論文參用圖資料前後蒐集與研究時間約自 1996 年至二〇一七年，並密集於二〇一四年至二〇一七年間，進行總整理與資料更新。

附錄 1-1　新北市行政區域圖〔註1〕

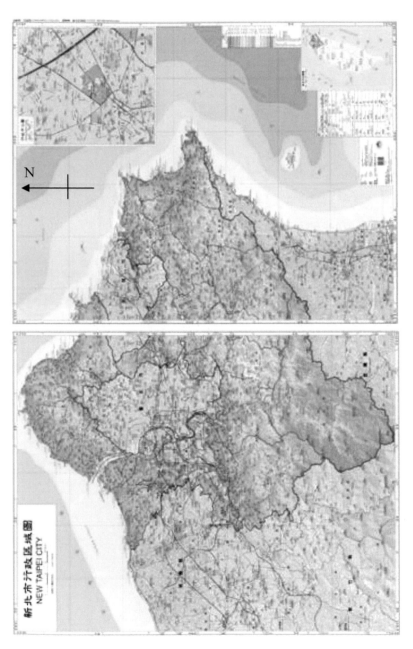

〔註1〕 參考引用新北市政府民政局：〈新北市行政區域圖〉,《新北市政府民政局》(二
〇一七年四月),搜尋日期：二〇一七年四月十二日,網址：http://www.ca.ntpc.
gov.tw/PageContent/List?wnd_id=118

附錄 1-2　新北市新店區位置圖〔註2〕

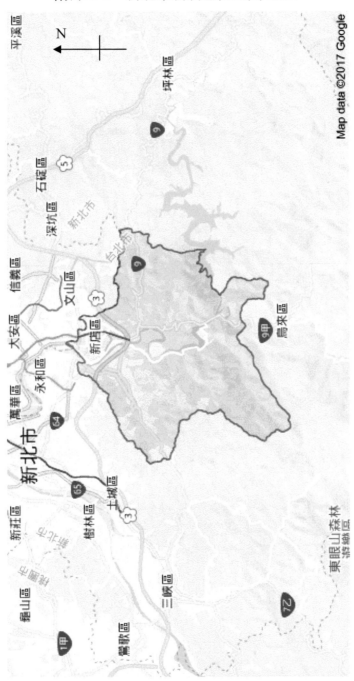

〔註 2〕參考引用 Google 地圖，搜尋日期：二〇一七年四月十二日，網址：https://www.
google.com.tw/maps/@25.0039519,121.5256442,12z?hl=zh-TW8

附錄 1-3　臺北市景美區衛星圖〔註3〕

〔註3〕 參考引用 Google 地圖，搜尋日期：二〇一七年四月十二日，網址：https://www. google.com.tw/maps/@24.9715388,121.5373659,10845m/data=!3m1!1e3?hl=zh-TW

附錄 1-4　臺北市景美區街道圖〔註4〕

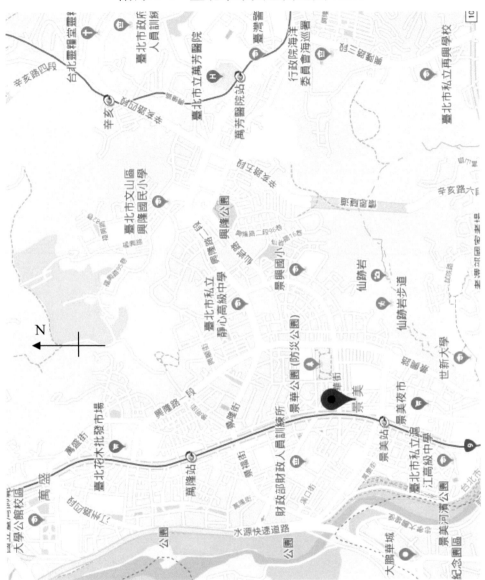

〔註4〕　參考引用 Google 地圖，搜尋日期：二○一七年四月十二日，網址：https://www.google.com.tw/maps/@24.9876179,121.5724974,14.53z?hl=zh-TW

附錄 1-5　臺北市木柵區衛星圖〔註5〕

〔註5〕　參考引用 Google 地圖，搜尋日期：二〇一七年四月十二日，網址：https://www.
google.com.tw/maps/@24.9910776,121.5640105,2911m/data=!3m1!1e3?hl=zh-TW

附錄 1-6　臺北市木柵區街道圖〔註6〕

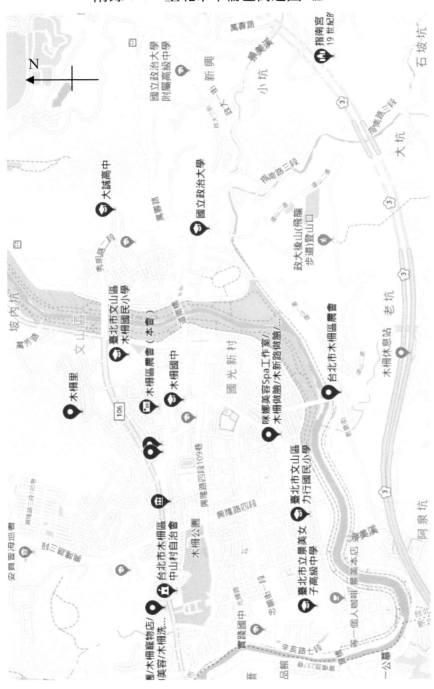

〔註 6〕　參考引用 Google 地圖，搜尋日期：二〇一七年四月十二日，網址：https://www.google.com.tw/maps/@24.9910776,121.5640105,15z?hl=zh-TW

附錄 1-7　新北市烏來區行政圖〔註7〕

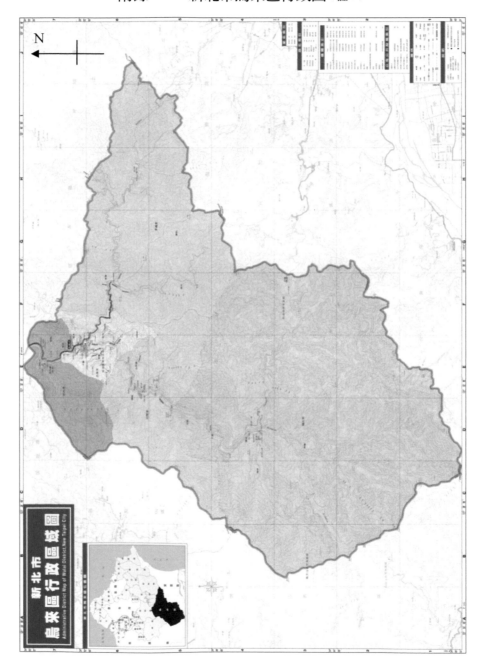

〔註7〕　參考引用新北市政府民政局：〈新北市行政區域圖〉，《新北市政府民政局》（二○一七年四月），搜尋日期：二○一七年四月十二日，網址：http://www.ca.ntpc.gov.tw/PageContent/List?wnd_id=118

附錄 1-8　北臺灣衛星圖〔註8〕

〔註8〕　參考引用新北市政府民政局：〈新北市行政區域圖〉，《新北市政府民政局》（二
　　　　○一七年四月），搜尋日期：二○一七年四月十二日，網址：https://www.google.
　　　　com.tw/maps/@25.0579405,121.4338064,93091m/data=!3m1!1e3?hl=zh-TW

附錄二　論文參用表

說　明

1、本論文「論文參用表」資料，主要由本論文研究者黃啓宗整理製作。

2、「論文參用表」資料，依據論文內容安排編輯於論文中，並依章節內容順序呈現，其餘論文參用表部分則排序於「附錄二論文參用表」。

3、論文參用表資料，經歷研究者多年調查、蒐集、歸納與整理，限於版面因素，本論文只能擇取部分資料供參於論文中。

4、論文參用表資料前後探查時間約自一九九六年至二○一七年，並密集於二○一四年至二○一七年間，進行資料總整理與表格製作。

附錄 2-1、新店溪流域歷史傳說與口述故事訪談表

序號	姓　名	性別	年齡	訪談時間、地點與受訪者背景介紹
1	林雙枝	男	86	1996.05.16、下城林宅。 赤皮湖人，居住烏來信賢，後遷徙安坑。大哥居住信賢及烏來，三弟居住赤皮胡，四弟居住粗坑。（已往生、祖墳屈尺二龍山）
2	黃有	女	80	1996.05.16、下城黃宅。 塗潭人，中和南勢角童養媳，婚嫁後居住下城。（已往生、祖墳屈尺二龍山）
3	黃文財	男	68	1996.05.16、下城黃宅。 烏來信賢出生，後遷徙安坑。
4	黃高寶連	女	67	1996.05.16、下城黃宅。 臺北市木柵人，婚嫁後居住下城。

5	林花子	女	72	1996.05.18、下城林宅。 烏來信賢人，婚嫁後居住頂城。
6	曾慶耀	男	83	1996.05.18、下城曾宅。 世居安坑地區，父親爲日本時代警政人員。
7	黃雪子	女	71	1996.05.18、下城黃宅。 烏來信賢人，婚嫁後居住下城。
8	高清流	男	55	1999.04.12、粗坑自家宮廟。 大崎腳德高嶺人，婚後遷徙粗坑，自家設宮廟，通靈乩身。
9	林秋蘭	女	54	1999.04.12、粗坑林宅。 世居粗坑。
10	陳錦隆	男	58	2000.03.26、屈尺常菁商店。 屈尺人，常菁商店（傳統雜貨店）老闆。
11	江百川	男	51	2000.03.27、屈尺國小廣興分校。 大溪人，居住樹林，前屈尺國小廣興分校主任，現任三峽區大成國小校長。
12	黃姿蓉	女	75	2000.03.27、屈尺國小。 社區人稱「易媽媽」，世居屈尺城仔，屈尺歧山巖廟前。
13	康文忠	男	70	2003.06.01、粗坑里花園新城康宅。 住粗坑里花園新城，野生動物保育專家、曾任烏來國中小教師與代理主任、屈尺國小廣興分校主任。
14	姚立楷	男	80	2003.06.02、屈尺姚宅。 隨軍來臺湖南籍退役軍人，長居屈尺超過五十年，屈尺國小任教三十年，退休主任。
15	金秀汶	女	62	2003.06.02、屈尺國小。 屈尺人，後遷徙碧潭。
16	許淑眞	女	65	2003.06.02、屈尺國小。 彰化溪湖人，婚嫁後居住屈尺。
17	張孫誠	男	50	2007.10.08、廣興王爺府。 廣興人，居住「城上」，王爺府負責人，通靈乩身，廣興長福巖過火儀式主辦人。
18	張阿媽	女	82	2007.10.08、廣興張宅。 張金武先生的阿媽，婚嫁後至廣興，居住「城上」。
19	張阿公	男	83	2007.10.08、廣興張宅。 張凱富先生的阿公，世居廣興，居住「城上」。

20	呂美龍	男	80	2007.10.16、塗潭福德宮。 呂美龍阿公賢伉儷，世居塗潭。（賢伉儷、阿媽 78 歲）
21	呂阿媽	女	72	2007.10.16、塗潭福德宮。 世居塗潭。
22	廖文志	男	47	2008.11.12、安坑國小。 居住新店安坑，曾任安坑國小學務主任與總務主任，現任板橋區文聖國小校長。
23	潘正戊	男	66	2013.09.19、屈尺國小。 世居屈尺。
24	張俊仁	男	62	2013.09.20、屈尺國小。 廣興人，限在居住屈尺城仔。
25	楊志文	男	64	2013.09.20、龜山台電訓練所。 龜山人，任職龜山台電訓練所，三奶夫人宮廟負責人，曾居住安坑外挖仔。
26	莊英貴	男	51	2013.11.18、屈尺莊宅。 桃園人，後遷徙屈尺，曾任屈尺國小輔導主任。
27	王新富	男	72	2013.11.18、屈尺歧山巖。 世居屈尺城仔，前屈尺歧山巖主委。
28	陳劍龍	男	58	2013.11.19、廣興平廣橘子山農舍。 廣興平廣人，居住平廣地區，橘子山負責人。
29	蕭明昆	男	65	2013.11.19、屈尺國小廣興分校。 新店七張人，曾任屈尺國小廣興分校警衛。（已往生、葬新店四十分公墓）
30	吳進興	男	55	2015.03.11、廣興里辦公室。 廣興平廣人，現任廣興里長。
31	黃筱君	女	42	2015.05.11、雙溪口觀心佛堂。 雙溪口人，曾任屈尺國小家長委員，觀心佛堂志工。
32	林佳琪	女	43	2015.05.12、龜山國小。 桃園泰雅族原住民，先生為烏來泰雅族原住民，現任原住民語教師。
33	李振賢	男	48	2015.05.12、龜山國小。 居住龜山里，泰雅族原住民，新店龜山教會牧師。
34	林龍鎮	男	60	2015.05.12、龜山國小。 世居龜山，現職龜山國小警衛。
35	林鑫政	男	55	2015.05.13、屈尺國小。 赤皮湖人，居住粗坑，中學教師。

36	簡源朝	男	80	2016.06.27、屈尺國小。 社區人稱「簡爺爺」，世居龜山，退休遊覽車司機，熟識龜山與廣興地區。
37	溫集進	男	63	2016.11.30、屈尺國小廣興分校。 廣興人，客家籍（河洛客），先祖由新竹縣竹東遷徙而來。目前住清潭。
38	邱阿公	男	80	2017.05.04、新店大坪林斯馨祠。 世居新店大坪林，斯馨祠管理人。
39	劉定穎	男	60	2017.06.03、新店大坪林顯應祖師廟。 世居新店大坪林，顯應祖師廟志工（負責人胞弟、業餘生態攝影師）。
40	高泉福	男	82	2017.06.03、景美集應廟。 世居景美，集應廟常務董事，臺北市地方文史文化宣傳海報主角人物。
41	顏先生	男	62	2017.06.03、景美集應廟。 世居景美，集應廟解說志工。

（本表由本論文研究者黃啓宗整理製作）

附錄 2-1、新店溪流域歷史傳說與口述故事訪談表」補充說明：

1、本論文中，有關新店溪流域歷史傳說與口述故事，皆為研究者多年來長期進行田野調查，訪談當地住民、耆老、士紳與教育工研究者的口述故事，蒐集、爬梳而成。

2、部分訪談對象經歷研究者多次訪談，本表以首次訪談時間為依據，進行先後排序。

3、本表訪談地點以與訪談對象首次訪談地點為記載。

4、本表訪談對象訪談時的年齡，以最後一次訪談當時年齡為記錄（訪談對象自述）。

5、本表內容皆是研究者實地現場調查，蒐錄口述資料而得，前後探查時間約自一九九六年至二○一七年，並密集於二○一四年至二○一七年進行總整理與資料查證。

6、田野調查探訪時，與研究者訪談愉快，提供許多寶貴的地方文史資料，以及第一手傳說故事的張金武先生的阿媽、張凱富先生的阿公、呂美龍阿公賢伉儷和呂阿媽等耆老，以及許多因內斂、害羞，不好意思留名，只能進行非正式訪談，因而未告知尊名的長輩們，都是研究者在漫長研究之路上的貴人，也都是研究者萬分感恩的對象。因為有他們的熱心相助與傾囊分享，使得研究成果更加豐碩與增添光采，也讓研究者對在地鄉土的人、事、物，感受到無限的溫馨情誼，對將來持續的研究課題，有了更大的動力與信心。

7、本論文訪談對象包括：林雙枝先生、黃有女士、黃文財先生、黃高寶連女士、林花子女士、曾慶耀先生、黃雪子女士、高清流先生、林秋蘭女士、陳錦隆先生、

江百川校長、黃姿蓉女士（易媽媽）、康文忠主任、姚立楷主任、許淑眞女士、金秀汶女士、張孫誠先生、張金武先生的阿媽、張凱富先生的阿公、呂美龍阿公賢伉儷、呂阿媽、廖文志校長、潘正戌先生、張俊仁先生、楊志文先生、莊英貴老師、王新富先生、陳劍龍先生、蕭明昆先生、吳進興里長、黃筱君女士、林佳琪老師（泰雅族，原住民語教師）、李振賢牧師（泰雅族，新店龜山教會）、林龍鎮先生、林鑫政老師、簡源朝先生（簡爺爺）、溫集進先生、邱老先生、劉定穎先生、高泉福老先生與顏先生，以及其他未留名的先進們。

8、本論文訪談蒐集的傳說故事，以漢人先民與泰雅族原住民的衝突傳說爲最多，另外包含一些地方歷史故事，內容包括：龜山出草事件（「屈尺事件」）、雙溪口民壯亭故事、屈尺古戰場傳說、屈尺原漢族群衝突——食人傳說」、屈尺清水祖師顯靈賜名傳說、屈尺廣興鄰村兄弟情傳說、廣興甲場埔傳說、廣興落鼻祖師顯靈傳說（「廣興魔鬼」）、長福巖「鎮廟之寶」故事、新店獅仔頭山隘勇線故事、新店塗潭大水記事、新店塗潭「土匪窟」故事、新店安坑漳泉族群衝突故事、太平宮高麗狗傳說、「頂城」至「五城」地名故事、「安坑孝女廖氏嬌紀念碑」故事、安坑車子路與「刣人埔」傳說、安坑薏仁坑木柵故事、雙城原漢族群衝突故事、潤濟宮卜卦命名故事、祈禱必驗傳說等。

附錄 2-2、新店溪流域歷史傳說與故事調查表（依發生地點，由上游至下游依序排列）

序號	名 稱	時 間	地 點	性 質
1	龜山出草事件（「屈尺事件」）	日本統治時期	新店溪上游龜山地區	原日族群衝突
2	雙溪口民壯亭故事	清朝統治時期	新店溪上游雙溪口地區	原漢族群衝突
3	屈尺古戰場傳說	清朝統治時期	新店溪中游屈尺地區	原漢族群衝突
4	屈尺原漢族群衝突——食人傳說	清朝統治時期	新店溪中游屈尺地區	原漢族群衝突
5	屈尺清水祖師顯靈賜名故事	清朝統治時期	新店溪中游屈尺地區	廟宇興建事蹟
6	屈尺廣興鄰村兄弟情故事	清朝統治時期	新店溪中游屈尺與廣興	神祇傳奇故事
7	廣興甲場埔傳說	清朝統治時期	新店溪中游廣興地區	原漢族群衝突
8	廣興落鼻祖師顯靈故事（廣興魔鬼）	清朝統治時期	新店溪中游廣興地區	原漢族群衝突 神祇傳奇故事
9	長福巖「鎮廟之寶」故事	清朝統治時期	新店溪中游廣興地區	神祇傳奇故事

10	新店獅仔頭山隘勇線故事	清朝統治時期	新店溪中游獅仔頭山	原漢族群衝突
		日本統治時期		漢日族群衝突
11	新店塗潭大水記事（故事）	清朝統治時期	新店溪中游塗潭地區	神祇傳奇故事
12	新店塗潭「土匪窟」故事	清朝統治時期	新店溪中游塗潭地區	原漢族群衝突
		日本統治時期		漢日族群衝突
13	新店安坑漳泉族群衝突故事	清朝統治時期	新店安坑外五庄	漳泉族群衝突
14	太平宮高麗狗傳說	日本統治時期	新店安坑外五庄	漢日族群衝突
15	頂城至五城地名故事	清朝統治時期	新店安坑內、外五庄	原漢族群衝突
16	「安坑孝女廖氏嬌紀念碑」故事	日本統治時期	新店安坑外五庄	地方歷史
17	車子路與「剖人埔」傳說	日本統治時期	新店安坑內五庄	漢日族群衝突
18	安坑薏仁坑木柵故事	清朝統治時期	新店安坑內五庄	原漢族群衝突
19	雙城原漢族群衝突故事	清朝統治時期	新店安坑內五庄	原漢族群衝突
20	潤濟宮卜卦命名故事	清朝統治時期	新店安坑內五庄	廟宇興建事蹟
21	祈禱必驗傳說	清朝統治時期	新店安坑內五庄	神祇傳奇故事
				原漢族群衝突

（本表由本論文研究者黃啓宗整理製作）

附錄 2-3、新店溪流域主要移墾聚落基本資料一覽表

序號	移墾聚落與部落	資料引用日期：2017.03.11		
		現今里名	人口數	特　色　概　述
1	李茂岸社	福山里	748	位於南勢溪最上游左岸。
2	蚋哮社	信賢里	614	位於南勢溪中上游左岸，有內洞森林遊樂區。

3	阿玉社	孝義里	255	位於桶後溪中游左岸，阿玉溪在此匯流。
4	烏來社	烏來里	2730	位於南勢溪與桶後溪匯流處，有溫泉、老街與瀑布。
5	桶壁社	忠治里	1827	位於南勢溪右岸山丘上。
6	龜山庄	龜山里	1809	有曲流環繞龜狀小山，桂山電廠、翡翠水庫近南北勢溪匯流處（對岸爲屈尺雙溪口）。
7	廣興庄	廣興里	1406	位於新店溪左岸山丘上，有清水祖師廟長福巖。
8	屈尺庄	屈尺里	2637	位於新店溪右岸山丘上，有清水祖師廟歧山巖。
9	粗坑	粗坑里	3279	里內「赤皮湖」，因赤皮樹於坑谷低地而得名，湖興路舊稱赤皮湖路。粗坑由泉州安溪廖鑿兄弟於道光年間承墾佃耕。知名「花園新城」社區即在此里。
10	直潭庄	塗潭里	1044	清朝時期爲直潭庄範圍。此地「礦窟城」因礦窟產鐘乳石而得名，建有防禦聚落，四周刺竹圍起，蓋公館與銃樓。
11	直潭庄	直潭里	1290	清朝時期爲直潭庄，包含灣潭、直潭、中溪洲等聚落。開墾初期因泰雅族原住民侵襲，採結首合作拓墾。
12	青潭庄	美潭里	5460	清朝時期爲青潭庄，因地臨近青潭溪，開闢成「稻仔園」。
13	青潭庄	青潭里	5658	青潭口過去又稱「店仔口」，即現今新烏路與北宜路交界處。
14	新店庄	新店里	1874	相對於下游大坪林的「店仔街」，屬於較「新」的商「店」區，故稱爲「新店」。
15	七張庄	國校里	2673	清朝時期屬大坪林七張聚落，因有新店國小而爲名。
16	七張庄	文中里	1824	清朝時期屬大坪林七張聚落，因有文山國中而爲名。
17	十二張庄	福德里	4205	清朝時期屬大坪林十二張，百忍街過去稱爲十二張路，路頭爲「福德」正神「咸亨宮」。
18	十四張庄	中央里	5822	清朝時期爲大坪林十四張聚落。中央里即因中央新村之名。
19	二十張庄	大同里	4139	清朝時期爲大坪林二十張庄，里名以大同街爲名。
20	二十張庄	江陵里	5677	清朝時期爲大坪林二十張庄。「二十張」意指二十張犁所耕的土地面積，1張犁所代表的土地面積約爲五甲。

21	寶斗厝	寶安里	5651	清朝時期屬大坪林五個移墾聚落中的「寶斗厝」,現今習慣以「大坪林」稱呼此地。
22	寶斗厝	信義里	6461	靠近景美溪一帶,是瑠公圳木梘的「梘頭」,對岸即是「梘尾」(景美)。
23	寶斗厝	寶興里	5361	清朝時期為大坪林五庄中的「寶斗厝」地區,民國五十九年更名寶安里。
24	梘尾	景美里	5525	舊時景美溪邊,是瑠公圳木梘的「梘尾」(景美),對岸即是寶斗厝的「梘頭」。
25	大坪頂庄	太平里	3183	清朝時期為大坪頂庄,是當時安坑地區八股四庄之一。因太平宮而為里名。
26	頂城庄	頂城里	1734	漳州移民在新店溪畔建立具有防衛功能的聚落,因地勢稍高,所以稱為「頂城」。阿美族原住民自花蓮與臺東,遷移至溪州路附近的河床地。
27	下城庄	下城里	3429	漳州拓墾先民以刺竹欉將聚落包圍,成為具防衛功能的聚落,因地勢稍低,故名為「下城」。
28	公崙里庄	公崙里	11546	拓墾先民將聚落建於小山崙上,建有收穀租的「公館」,因而為名。
29	柴埕庄	柴埕里	9233	安坑拓荒初期,大崎坑與大楠坑山區有林木經營,木柴堆積於今日柴埕街附近,再利用安坑溪水運至艋舺。在清朝與日本統治時期,柴埕街是安坑地區最繁華的市街,五十年代還曾經設有戲院。
30	柴埕庄	新和里	4318	安坑地區的最北端,與中和南勢角接壤,早期這裡稱為「高車」。高車即是水圳上高大的水車,此地位於尖山腳與外挖仔間。
31	安坑庄	達觀里	3807	清朝時期為安坑庄,安坑傳說「刣人埔」的故事就在這裡。
32	安坑庄	小城里	3958	清代時期為安坑庄範圍,舊地名「木柵」的所在區域。
33	安坑庄頭城、二城	雙城里	5969	以廖姓(福建詔安福佬客)與游姓(「二叭子」地區)為主要拓墾家族。「城」意指聚落外圍防禦用的刺竹欉或麻竹圍體。「頭(一)、雙(二)、三、四、五」是指拓墾的進展順序,從公館崙進入安坑內五庄,「頭城」是最早的防衛性聚落,「雙城」(二城)為第二個防衛性聚落。潤濟宮是此地區的信仰中心。

34	三城庄	日興里	6108	三城庄（三城、四城、五城）是典型的山區集居型聚落，主要的地方家族爲詔安廖姓（雙廖家族）客家人，屬於同姓血緣聚落。過去三城曾是內五庄的中心，日興宮即在此處。
35	小暗坑	安坑里	1581	經五城過分水崙，即進入三峽安坑地區，此地以紅茶著名。
36	成福庄	成福里	1042	位於「新店東安坑漳州族群」，與「三峽西安坑泉州安溪族群」的中間點，是緩衝區，也是族群融合區。

（本表由本論文研究者黃啓宗整理製作，資料來源：中華民國內政部人口資料庫）

附錄 2-4、新店溪流域祭祀圈重疊共同祭祀表

序號	祭祀圈重疊情形	祭祀圈主要寺廟	祭祀圈其他寺廟
1	清水祖師祭祀圈與三寶佛祭祀圈福德正神祭祀圈	屈尺歧山巖清水祖師廟	千佛山白雲禪寺（彌勒菩薩、三寶佛）、屈尺福德宮（土地公）。
2	清水祖師祭祀圈與玄天上帝祭祀圈福德正神祭祀圈	廣興長福巖清水祖師廟	眞武山受玄宮（北極玄天上帝）、廣興福德宮（土地公）。
3	開漳聖王祭祀圈與福德正神祭祀圈	安坑外五庄碧潭太平宮	溪洲福德宮、頂城平福宮、華城華福宮、頂城福德宮、大湖底福德正神廟、下城咸福宮、十四份福德宮、柴埕福仁宮、外挖仔安和宮與內挖仔玄福宮等土地公廟。
4	三官大帝祭祀圈與福德正神祭祀圈	安坑內五庄雙城潤濟宮	公館崙福德宮、車子路福安宮、薏仁坑福德宮、薏仁坑延仁宮、薏仁坑同德宮、大茅埔濟安宮、頭城福興宮、雙城雙福宮、雙城雙興宮等土地公廟。
5	開漳聖王祭祀圈與福德正神祭祀圈	安坑內五庄三城日興宮	三城福德宮、日興宮附設福德宮、四城興盛宮與五城五福宮等土地公廟。

（本表由本論文研究者黃啓宗整理製作）

附錄 2-5、新店溪流域保儀雙忠信仰圈慶典活動表

序號	慶典日期	聖誕千秋祭典	出巡繞境靖鄉
1	正月十四日		臺北市大安區五股（錦町股、龍安坡股、六張犁股、坡心股、十二甲股）五年輪值（各股每五年輪一次），恭迎保儀雙忠遶境。
2	正月二十日	大坪林五庄「求平安」祭典，在正月十九日到木柵忠順廟，迎請「保儀大夫」（「大夫公」）至庄內的土地公廟，之後依「十四張」、「十二張」、「二十張」、「七張」與「寶斗厝」的順序，各庄頭各供奉保儀大夫一日。	大坪林五庄「求平安」祭典，依「十四張」、「十二張」、「二十張」、「七張」與「寶斗厝」的順序輪流，舉行盛大陣頭繞境靖鄉。
3	二月一日	木柵集應廟保儀尊王聖誕千秋祭典「三獻大禮」、「豬公獻祭」。	
4	二月二日	景美集應廟保儀尊王聖誕千秋祭典「三獻大禮」、「豬公獻祭」。	
5	二月四日		淡水小坪頂集應廟每六年一次進行「巡香」遶境。
6	二月六日		木柵集應廟每六年一次進行「出香」活動，每九年一次進行「迎香」活動。
7	三月十二日		萬華加蚋區恭迎保儀大夫遶境。
8	三月十四日		萬華區進天宮保儀大夫遶境。
9	三月二十五日		木柵忠順廟在木柵老泉山區貓空樟湖步道，古民俗「尪公巡茶園」儀式。
10	四月七日		木柵忠順廟恭迎保儀大夫出巡。
11	四月十日	木柵忠順廟保儀大夫聖誕千秋祭典。（每八年一次大祭「三獻大禮」、「豬公獻祭」）	
12	四月十八日		新店龜山福德宮繞境靖鄉活動結合「迎尪公」。

13	四月二十四日	屈尺岐山巖保儀大夫「張巡（大尪公）」聖誕千秋祭典。	屈尺岐山巖保儀雙忠遶境。
14	四月二十五日	廣興長福巖保儀大夫「張巡（大尪公）」聖誕千秋祭典。	廣興長福巖保儀雙忠遶境。
15	八月十四日至十八日	長福巖循例於每年農曆八月十四日，自景美集應廟、木柵集應廟與忠順廟迎請來尪公（高尪公、大夫公），「恭迎保儀大夫、保儀尊王科儀」，同時也祭祀「尪公夫人」。	三峽地區各里，分別迎回「尪公」與「尪公夫人」進行遶境靖鄉。農曆八月十五日，為以長福巖為中心的三峽主要地區遶境靖鄉。
		農曆八月十六日樹林地區演大戲酬神。	農曆八月十五日樹林地區「迎尪公」。
16	九月一日	柑園地區祭祀尪公。	柑園地區「迎尪公」，已發展成「尪公文化祭」。
17	十月十五日	大坪林五庄「謝平安」祭典，同農曆正月二十日「求平安」祭典。	大坪林五庄「謝平安」祭典，同農曆正月二十日「求平安」祭典。
		屈尺岐山巖保儀尊王「許遠（小尪公）」聖誕千秋祭典。	景美集應廟保儀尊王遶境。
18	十月十六日	廣興長福巖保儀尊王「許遠（小尪公）」聖誕千秋祭典。	

附錄 2-5、新店溪流域保儀雙忠信仰圈慶典活動表補充說明：

1、各地區保儀雙忠祭典與遶境日期有所差異，彰顯出保儀雙忠聖誕祭典多元化的問題。

2、有關保儀雙忠聖誕日期的說法，各種版本所在都有，保儀大夫聖誕是農曆四月十日？抑或是農曆四月二十五日？保儀尊王聖誕是農曆二月二日？抑或是農曆十月十六日？研究者認為宗教信仰「誠心誠意」為上、「心誠則靈」，因此，完全尊重各地方與廟方的慶典日期。

3、二戰爭結束後，「大坪林五庄」正月二十日的「求平安」祭典，十四張地區延續傳統繼續舉辦，其餘四個庄頭的祭典，合併在農曆三月二十三日媽祖聖誕千秋一起舉行。

4、景美集應廟「豬公獻祭」日期通常在元月十五日元宵節後，由「擲筊」方式請示保儀尊王後確定。

5、農曆四月十八日新店龜山福德宮遶境靖鄉活動結合「迎尪公」，特意與鄰近的屈尺地區農曆四月二十四日及廣興地區農曆四月二十五日「迎尪公」相錯開。

6、三峽「溪南」與「溪東」等地，過去「迎尪公」祭祀遶境是在農曆八月二十六日，為了三峽地區「統一祭典」的緣故，而改成農曆八月十五日。

7、農曆八月十六日樹林地區演大戲酬神，因為農曆八月十五日是「大日」，戲班與陣頭的費用，都會較平日為多。

8、本表最後整理時間為一百零六年三月十一日。

附錄三　新店溪流域主要移墾聚落圖片

說　明

1、本論文圖片資料，主要由本論文研究者黃啓宗攝影及整理製作。

2、本論文「新店溪流域主要移墾聚落圖片」，原則上依「新店溪上游、中游、下游」聚落的位置依序排列。

3、本論文圖片資料，經歷研究者多年實地現場調查、攝影、蒐集，限於版面因素，本論文只能擇取部分資料供參於論文中。

4、本論文圖片資料前後探查時間約自一九九六年至二○一七年，並密集於二○一四年至二○一七年間，進行總整理與資料篩選。

附錄 3-1　福山部落（民房外牆部落元素彩繪）

附錄 3-2　福山部落（部落內唯一學校——福山國小）

附錄 3-3 烏來部落（南勢溪烏來峽谷全景）

附錄 3-4 烏來部落（烏來峽谷覽車與瀑布區）

附錄 3-5　烏來部落（南勢溪與桶後溪匯流處）

附錄 3-6　烏來部落（南勢溪畔）

附錄 3-7　龜山聚落（20150808 颱風蘇迪勒風災後）

附錄 3-8　龜山聚落（主要幹道新烏路兩側民房）

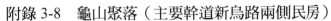

附錄 3-9　雙溪口聚落（新店溪右岸與下龜山橋）

附錄 3-10　雙溪口聚落（二龍山麓與下龜山橋）

附錄 3-11 廣興聚落（城上入口斜坡）

附錄 3-12 廣興聚落（小山丘上的錯落建築）

附錄 3-13　屈尺聚落（社區全景與大桶山）

附錄 3-14　屈尺聚落（歧山巖、新店溪曲流、菜刀崙山）

附錄 3-15　新店聚落（碧潭與獅頭山下）

附錄 3-16　新店聚落（新店溪東岸新店老街區）

附錄 3-17　大坪林聚落（十四張「劉氏利記公厝」）

附錄 3-18　大坪林聚落（劉氏家廟「啟文堂」）

附錄 3-19　大坪林聚落（民居外的刺竹林欉）

附錄 3-20　大坪林聚落（小聚落周遭的刺竹林欉）

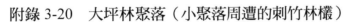

附錄 3-21　下城聚落（刺竹欉圍繞聚落西方邊緣）

附錄 3-22　下城聚落（聚落內巷弄蜿蜒雜錯）

附錄 3-23　景美聚落（由仙跡岩俯瞰）

附錄 3-24　景美聚落（景美觀光夜市與進興宮）

附錄四　新店溪流域信仰圈主要
　　　　　寺廟（教堂）圖片

說　明

1、本論文圖片資料，主要由本論文研究者黃啓宗攝影及整理製作。

2、本論文「新店溪流域信仰圈主要寺廟（教堂）圖片」，依「新店溪上游、
中游、下游」聚落依序排列。

3、本論文圖片資料，經歷研究者多年實地現場調查、攝影、蒐集，限於版面
因素，本論文只能擇取部分資料供參於論文中。

4、本論文圖片資料前後探查時間約自一九九六年至二○一七年，並密集於二
○一四年至二○一七年間，進行總整理與資料篩選。

附錄 4-1　福山教會（南勢溪最上游的教堂）

附錄 4-2　福山教會（傳道人為基督長老教會林慶台牧師）

附錄 4-3　雲仙宮（雲仙樂園石壁福德正神廟）

附錄 4-4　烏來福德宮（南勢溪右岸為烏來妙心寺）

附錄 4-5　龜山福德宮（新北市童軍訓練中心旁）

附錄 4-6　龜山福德宮（對面大戲台與聚落一隅）

附錄 4-7　雙溪口民壯亭（新烏路二段下龜山橋頭）

附錄 4-8　雙溪口文山清水巖（另稱下文山清水巖）

附錄 4-9　廣興長福巖（城上聚落入口與寺廟牌樓）

附錄 4-10　廣興長福巖（龍柱與「清水祖師略傳」石碑）

附錄 4-11　屈尺岐山巖（寺廟牌樓與大金亭）

附錄 4-12　屈尺岐山巖（龍編入口與石雕天公爐）

附錄 4-13　大坪頂太平宮（牌樓、石獅、高麗狗）

附錄 4-14　大坪頂太平宮（正面全景、高聳後殿）

附錄 4-15　　大坪頂太平宮（寺廟廣場與鐘樓）

附錄 4-16　　大坪頂太平宮（寺廟廣場與鼓樓）

附錄 4-17　大坪頂太平宮正殿（開漳聖王、三太子）

附錄 4-18　大坪頂太平宮後殿俯視全景（坐南朝北）

附錄 4-19　下城咸福宮（下城聚落與安溪寮交界處）

附錄 4-20　下城咸福宮（安平路 1 號）

附錄 4-21　公館崙福德宮（安坑內外五庄交界處）

附錄 4-22　公館崙福德宮（伯公廟）

附錄 4-23　雙城潤濟宮（閩客族群信仰中心）

附錄 4-24　雙城潤濟宮（大殿後方龍王廟）

附錄 4-25　三城日興宮（內五庄族群信仰中心）

附錄 4-26　三城日興宮（大牌樓與祈安禮斗掛燈）

附錄 4-27　大坪林斯馨祠（新店「店仔街」）

附錄 4-28　大坪林斯馨祠（五營大將軍）

附錄 4-29　景美集應廟（景美觀光夜市內）

附錄 4-30　景美進興宮（集應廟旁土地公廟）

附錄五　新店溪流域信仰圈
　　　　主要慶典圖片

說　明：

1、本論文圖片資料，主要由本論文研究者黃啓宗攝影及整理製作。

2、本論文「新店溪流域信仰圈主要慶典圖片」，依「慶典活動、禮斗祈安法會、求平安龜活動、遶境靖鄉」依序排列，每個活動再依「新店溪上游、中游、下游」聚落排序。

3、本論文圖片資料，經歷研究者多年實地現場調查、攝影、蒐集，限於版面因素，本論文只能擇取部分資料供參於論文中。

4、本論文圖片資料前後探查時間約自一九九六年至二○一七年，並密集於二○一四年至二○一七年間，進行總整理與資料篩選。

附錄 5-1　屈尺岐山巖聖誕祭典（刣豬公）

附錄 5-2　屈尺岐山巖聖誕祭典（刣豬公）

附錄 5-3　太平宮聖誕祭典（豬公獻祭及法師超渡）

附錄 5-4　太平宮聖誕祭典（主副爐主祭祀及法師超渡）

附錄 5-5　太平宮聖誕祭典（豬公獻祭及祭祀供桌）

附錄 5-6　太平宮聖誕祭典（豬公及三牲獻祭）

附錄 5-7　太平宮聖誕祭典（豬公獻祭及紙蓮花）

附錄 5-8　豬公下（留尾翅的雞與鴨、紅紙活魚、「腹內」）

附錄 5-9　太平宮聖誕祭典（麵線豬公獻祭）

附錄 5-10　太平宮聖誕祭典（鳳梨酥塔獻祭）

附錄 5-11　太平宮聖誕祭典（鳳梨酥豬公獻祭）

附錄 5-12　太平宮聖誕祭典（鳳梨酥豬公及麵粉製豬首）

附錄 5-13　太平宮聖誕祭典（豬公獻祭後現場支解）

附錄 5-14　太平宮聖誕祭典（豬公獻祭後支解分裝）

附錄 5-15　太平宮開漳聖王聖誕值年字姓輪流表

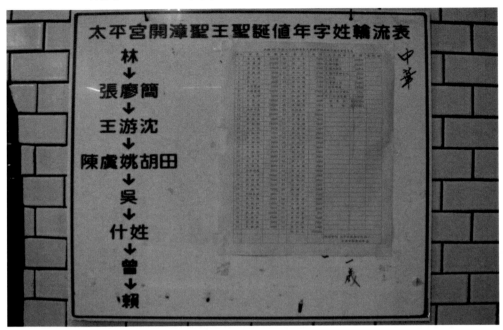

附錄 5-16　開漳聖王聖誕千秋吳姓宗親法會收支表

民國 101 年歲次壬辰開漳聖王聖誕千秋吳姓宗親法會收支表

編號	姓名	金額	編號	姓名	金額	支出摘要	金額	備註欄
1	吳月鳳	20000	38	吳俊彰	5000	1.道士禮	60000	
2	吳榮園	20000	39	吳 田	5000	2.歌仔戲	28000	
3	吳振慶	10000	40	吳振元	2500	3.壇內辦單	20254	
4	吳振淇	5000	41	吳和男	2500	4.壇內香辦2人	3000	
5	吳文水	3000	42	吳祖銘	2000	5.紅包	5400	
6	吳辛二	3000	43	吳林隨	2000	6.會緣5桌	25000	
7	吳翁秀蘭	5000	44	吳祖賜	1000	7北管陣頭	27000	
8	吳賴碧蓮	10000	45	吳雲香	10000	8.聖王回宮貢品	3742	
9	吳先傑	5000	46	吳振宗	3000	9.2/16北管餐	10000	
10	吳振正	10000	47	吳振賢	5000	總支出	$182396	
11	吳振賽	10000	48	吳新興	5000	結餘	$175904	
12	吳李千惠	18000	49	吳游美玉	5000			
13	吳祖漳	10000	50	吳祖楠	20000			
14	吳振益	3000	51	吳榮華	2000			
15	吳振雄	10000	52	吳榮源	2000			
16	吳祖信	3000	53	吳榮雄	2000			
17	吳祖杜	3000	54	吳張敖	5000			
18	吳祖培	3000	55	吳高環	10000			
19	吳游杜	3000	56	吳祖	2000			

附錄 5-17　廣興聖誕千秋慶典演大戲（歌仔戲）

附錄 5-18　屈尺聖誕千秋慶典（掌中戲、布袋戲）

附錄 5-19　太平宮聖誕千秋慶典演大戲（歌仔戲）

附錄 5-20　太平宮聖誕千秋慶典演大戲（歌仔戲）

附錄 5-21　大坪頂太平宮聖誕千秋（北管與神將）

附錄 5-22　大坪頂太平宮聖誕千秋（北管演奏）

附錄 5-23　恭祝開漳聖王聖誕（車輪餅、紅豆餅）

附錄 5-24　恭祝開漳聖王聖誕（討喜的沙其馬豬公）

附錄 5-25　恭祝開漳聖王聖誕祝壽大法會（壽桃、壽麵）

附錄 5-26　恭祝開漳聖王聖誕祝壽大法會（壽桃、壽麵）

附錄 5-27　恭祝開漳聖王聖誕祝壽大法會（祭壇）

附錄 5-28　恭祝開漳聖王聖誕祝壽大法會（主祭與法師）

附錄 5-29　恭祝開漳聖王聖誕祝壽大法會（斗燈）

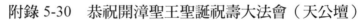

附錄 5-30　恭祝開漳聖王聖誕祝壽大法會（天公壇）

附錄 5-31　廣興禮斗祈安植福法會（天公壇）

附錄 5-32　廣興禮斗祈安植福法會（祭祀「斗姆元君」）

附錄 5-33　廣興禮斗祈安植福法會（壽桃、壽麵）

附錄 5-34　廣興禮斗祈安植福法會（三牲四果祭祀）

附錄 5-35　廣興禮斗祈安植福法會（米龍獻祭）

附錄 5-36　廣興禮斗祈安植福法會（福祿壽平安米）

附錄 5-37　廣興禮斗祈安植福法會（力士爺）

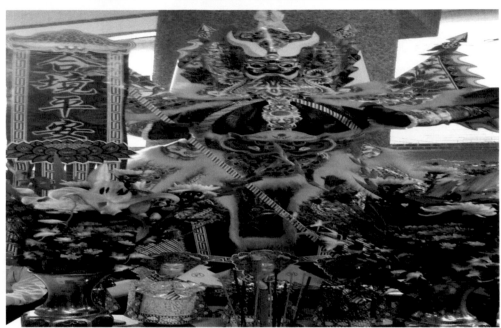

附錄 5-38　廣興禮斗祈安植福法會（告示文疏）

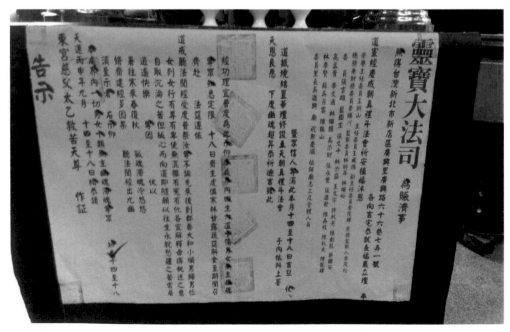

附錄 5-39　禮斗祈安植福法會（斗燈）

附錄 5-40　禮斗祈安植福法會（斗燈）

附錄 5-41　屈尺祈安禮斗大法會（祭祀「斗姆元君」）

附錄 5-42　屈尺祈安禮斗大法會（祭祀「斗姆元君」）

附錄 5-43　屈尺祈安禮斗大法會（保儀雙忠「斗首」）

附錄 5-44　屈尺祈安禮斗大法會（「斗燈、七星燈」）

附錄 5-45　屈尺祈安禮斗大法會（「斗燈、七星燈」）

附錄 5-46　屈尺祈安禮斗大法會（「斗燈、七星燈」）

附錄 5-47　屈尺祈安禮斗大法會（「斗首」值星帶）

附錄 5-48　屈尺祈安禮斗大法會（麵線祭祀塔）

附錄 5-49　廣興長福巖平安龜（綜合大神龜）

附錄 5-50　廣興長福巖平安龜（米、麵線、咖哩肉餅龜）

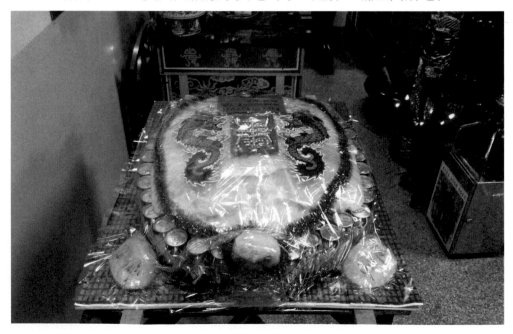

附錄 5-51 屈尺岐山巖「求還龜登記處」

附錄 5-52 屈尺岐山巖慶祝清水祖師聖誕祈求平安龜

附錄 5-53　屈尺岐山巖祈求平安龜（大神龜）

附錄 5-54　屈尺岐山巖祈求平安龜（麵龜轉頭）

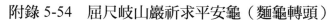

附錄 5-55　屈尺岐山巖祈求平安龜（甜麵龜與紅龜粿）

附錄 5-56　屈尺岐山巖祈求平安龜（綠豆龜）

附錄 5-57　大坪頂太平宮大年初一迎祥接福大法會

附錄 5-58　大坪頂太平宮慶賀上元祈求平安龜法會

附錄 5-59　參香「香條」（彰化福興清修巖蒞臨參香）

附錄 5-60　參香慶賀（參用彰化二林新興宮參香過火資料）

附錄 5-61　廣興「迎尪公」遶境靖鄉（開路鑼鼓）

附錄 5-62　廣興「迎尪公」遶境靖鄉（福德正神）

附錄 5-63　廣興「迎尪公」遶境靖鄉（保儀雙忠）

附錄 5-64　廣興「迎尪公」遶境靖鄉（廣興路往廣興橋）

附錄 5-65　屈尺「迎尪公」（保儀雙忠平安符令）

附錄 5-66　屈尺「迎尪公」（清水祖師平安符令）

附錄 5-67　屈尺岐山巖神將（三太子、千里眼、順風耳）

附錄 5-68　屈尺岐山巖神將（關平太子、周倉將軍）

附錄 5-69　屈尺國小鄉土教育（「平安遶境換香活動」）

附錄 5-70　屈尺「平安遶境換香活動」（全校師生參與）

附錄 5-71　屈尺「平安遶境換香活動」（神將繞巡校園）

附錄 5-72　屈尺「平安遶境換香活動」（神轎繞巡校園）

附錄 5-73　屈尺「平安遶境換香活動」（繞巡校園）

附錄 5-74　屈尺「平安遶境換香活動」（分享鹹光餅）

附錄 5-75　大坪頂太平宮遶境靖鄉神轎

附錄 5-76　大坪頂太平宮遶境靖鄉神轎（貼符令）

附錄 5-77　大坪頂太平宮聖誕千秋（三太子與神將）

附錄 5-78　大坪頂太平宮聖誕千秋（神將）

附錄 5-79　大坪頂太平宮聖誕千秋（神將）

附錄 5-80　大坪頂太平宮聖誕千秋（三太子）